28,- 11

Lieber spielen als fernsehen!

KARIN NEUSCHÜTZ

Lieber spielen als fernsehen!

VERLAG FREIES GEISTESLEBEN

CIP–Kurztitelaufnahme der Deutschen Bibliothek

Neuschütz, Karin:
Lieber spielen als fernsehen!: Ein Buch für Eltern u. Kinder
Karin Neuschütz. [Übers. u. Bearb.: Claudia Barenthien].
2. Aufl. – Stuttgart: Verlag Freies Geistesleben, 1986.
Einheitssacht.: Leka leva eller teva? ‹dt.›
ISBN: 3-7725-0801-4

NE: Barenthien, Claudia [Bearb.]

Die schwedische Originalausgabe erschien unter dem Titel
«Leka leva eller teva?» bei Bokförlaget Robert Larson AB, Täby

Übersetzung und Bearbeitung: Claudia Barenthin
Zeichnungen: Karin Neuschütz
Einband: Walter Krafft
2. Auflage 1986

Herstellung: Greiserdruck, Rastatt

Inhalt

Erster Teil: Fernsehen und Entwicklung des Kindes

Als der Fernsehapparat ausging

Stellen Sie sich vor, das Bild auf allen Fernsehschirmen im ganzen Land würde plötzlich erlöschen! Man könnte nur noch die Nachrichten einschalten. Ansonsten bliebe die Mattscheibe leer. Was würden Sie da anfangen? Vielleicht ein Buch lesen? Oder einen Streit mit der Familie vom Zaun brechen? Ins Kino gehen oder stundenlang telefonieren?

Das einzigartige und fast märchenhafte Ereignis, daß während einer guten Woche überhaupt nichts im Fernsehen gesendet wurde, außer den Nachrichten, trat in Schweden tatsächlich ein, bevor Video, Bildplatten und Tele-Spiele Verbreitung gefunden hatten. Das war im Frühjahr 1980, und der Grund dafür waren Streiks im ganzen Land.

Was machten die Schweden während dieser Woche? Die Kinos konnten sich ausverkaufter Vorstellungen erfreuen – eine Sensation in Zeiten ständig sinkender Besucherzahlen. Die Lieferanten von Videoapparaten hatten Schwierigkeiten, die plötzliche Nachfrage zu dekken. Die Folgen des ersten fernsehlosen Wochenendes waren mehr Einbrüche, Auto- und Fahrraddiebstähle, Familienzwiste und Mißhandlungen als gewöhnlich. Auch der Alkoholkonsum stieg erheblich.

An diesen Abenden klingelten bei der Polizei ununterbrochen die Telefone, weil viele Leute einfach nur mit jemandem sprechen wollten oder weil sie glaubten, in der ungewollten und ungewohnten Stille verdächtige Geräusche gehört zu haben. Im südlichen Schweden rettete das dänische Fernsehen die Situation in vielen Familien, und in der Nähe der nördlichen Grenze das norwegische.

Wie wurden die Kinder von dem unfreiwilligen Fernsehentzug beeinflußt? Fast 60 Prozent der Neun- bis Vierzehnjährigen gaben an, gewisse Sendungen zu vermissen, aber nur 15 Prozent sahen im Ausfall des Fernsehprogramms etwas direkt Negatives. 61 Prozent entdeckten am Leben ohne Fernsehen Vorteile. Sie konnten sich mehr der Familie widmen, sich außer Haus mit Freunden treffen, mehr lesen und schlafen oder Aufgaben machen. Mehr als ein Viertel der

Mädchen erfuhren ein Freiheitsgefühl wie selten zuvor, weil sie nicht so abhängig von festen Zeiten waren wie sonst.

Viele Lehrer, die in der 1.–6. Klasse unterrichteten, waren verblüfft darüber, daß die Kinder plötzlich rotbäckig, munter und konzentriert waren. Sie hatten nämlich ausgeschlafen!

Eine Situation, die der schwedischen fernsehlosen Woche gleicht, wird sich wohl kaum jemals wieder in einem industrialisierten Land ergeben, nachdem uns jetzt so viel TV-Unterhaltung verschiedener Art zur Auswahl steht. Auf Island z. B. ist bei vielen Familien der Abend, an dem kein Fernsehprogramm gesendet wird, statt dessen Videoabend.

Es sieht wirklich so aus, als ob erst ein totaler Stromausfall oder sonst eine Katastrophe, die niemand herbeiwünscht, eintreten müßte, damit die Leute sich endlich aus ihrem Fernsehsofa hochrappeln. Was für erschütternde Ereignisse müssen eigentlich stattfinden, damit wir wieder den Blick einander zuwenden und unser eigenes Leben ins Auge fassen statt der flimmernden Mattscheibe?

Psychische Störungen

Ständig werden Berichte veröffentlicht über wachsende Probleme in den Kindergärten und Schulen. Die Kinder sind in ihrer psychischen Balance gestört, sie sind übermüdet, nervös oder aggressiv, haben Kopfschmerzen, Kontaktschwierigkeiten, sind in ihrer motorischen Entwicklung gehemmt oder haben Lese- und Schreibschwierigkeiten.

Aber diese besorgniserregenden psychischen Störungen bei Kindern werden allzu selten mit dem vielen Fern- und Videosehen in Verbindung gebracht. Eine weitverbreitete Ansicht ist, daß die Proinen Schaden anrichten, wenn sie inhaltlich nur gut sind. ·laubt, auch nur eine leise Andeutung zu machen, daß *n sich* schädlich sein könnte, wird als hoffnungsloser ·rtschritts betrachtet.

..ber ist es denn *nützlich* für ein Schulkind, jeden Tag fünf Stunden fernzusehen und dann vielleicht noch einen Videofilm anzuschauen und dazu das ewige Gedudel des Kassettenrecorders, Plattenspielers oder Radios über sich ergehen zu lassen? Was ist eigentlich ein *angemessener* täglicher Bildkonsum für einen Fünf- oder Zehnjährigen?

Die sich bewegenden Fernsehbilder sind eine nicht zu unterschätzende Gefahr, weil sie sich in unserer Phantasie einnisten und breitmachen. Sie berauben uns der Möglichkeit, unsere eigenen Erlebnisse noch einmal vor das innere Auge zu rufen und uns ein abgerundetes Bild davon zu machen.

Beim Zuhören oder Lesen können wir das Geschilderte kraft unserer kreativen Phantasie vor unserem inneren Augen «sehen». Wir bringen das so Erlebte in Zusammenhang mit unserem eigenen Leben und unserer Erfahrung. Daran hindert uns das fertige Fernsehbild. Der ununterbrochene Bildstrom läßt während des Programms keinen eigenen Gedanken über das Geschehen auf dem Bildschirm aufkommen. Nach beendetem Programm, wenn der Fernseher abgeschaltet ist, kann man sich natürlich seine eigenen Gedanken über das Gesehene machen. Das gilt für Erwachsene, aber für ein Kind ist die Situation anders. Es lebt im *Jetzt.* Es hat nicht dieselben Voraussetzungen dafür, später gedanklich zu seinen Erlebnissen zurückzukehren. Wie soll es Zeit finden, im Spiel durch eigene Handlungen alle Fernseheindrücke zu verarbeiten, wenn es stundenlang ohne Pause vor dem Apparat sitzt? Wie soll ein Kind zu diesem Erguß von Bildern Stellung nehmen können?

Eltern im Zeitalter des Fernsehens

In der Kindheit wird der Keim zum zukünftigen Erwachsenen gelegt. Wie muß die Umgebung beschaffen sein, die dem Kind optimale Entwicklungsmöglichkeiten bietet? Nun, sie muß ihm viel Liebe und Wärme zukommen lassen und es zu Spielen verschiedener Art ermuntern. Ein verdunkeltes Wohnzimmer dagegen, in dem der Fernseher flimmert, ist eine äußerst dürftige Umgebung.

Wir sind so eifrig darauf bedacht, ständig das Wissen unserer Kinder zu bereichern, daß wir oft vergessen, daß das Wichtigste doch eigentlich unsere Arme sind, in die sie kommen können. Statt für unsere Kinder dazusein, verweisen wir sie an Apparate, obwohl doch nur wir Eltern ihnen Sicherheit und Selbstvertrauen geben können.

Wir geben uns große Mühe, unsere Kinder vor bedrohenden Gefahren für Leib und Leben zu schützen, wie z. B. vor dem Straßenverkehr, vor Kälte, giftigen Zusätzen in der Nahrung usw. *Warum zeigen wir eigentlich nicht ebensoviel Interesse, wenn es um die Entwicklung ihres Innenlebens geht?* Wenn wir uns, solange die Kinder klein sind, Zeit lassen, ihnen eine geschützte und begrenzte Welt aufzubauen, in der sie froh sein, spielen und träumen können, dann geben wir ihnen die beste Chance, zu wißbegierigen und kreativen Menschen heranzuwachsen, die Mut und Kraft haben, den technischen Fortschritt mit Herz und Hand zu lenken.

In unserer Zeit Mutter oder Vater zu sein ist nicht immer leicht. Wie oft machen wir uns doch Gedanken darüber, daß das Wenige, das in unserer Macht steht, um die Kinder zu fördern, nicht ausreicht: Das Fernsehen beauftragt immerhin ausgebildete Pädagogen mit der Produktion von Unterhaltungsprogrammen für Kinder. Wie in aller Welt soll mein bescheidenes «Punkt-Punkt-Komma-Strich-Männchen» damit konkurrieren können? Sind meine Liedchen, die etwas falsch und heiser klingen, wirklich wert, von meinem Kind angehört zu werden, wo es doch Platten und Tonbänder mit wunderbarer Musik gibt!

Gebt nicht auf, liebe Eltern! Alles, was Ihr zusammen mit Eurem Kind macht, wie anspruchslos und einfach es auch sein mag, ist eine wertvolle Gabe für das Kind. Ein Plauderstündchen mit Mutter oder Vater überbietet jedes Fernsehprogramm der Welt!

Alternativen

Ich weiß, daß es bei vielen in Vergessenheit geraten ist, wie man eine Papierschlange faltet oder eine Landschaft aus Steinen und Tannenzapfen aufbaut.

Im zweiten Teil des Buches will ich deshalb mit Beispielen daran erinnern, wie man sich zusammen mit Kindern, sowohl eigenen als auch fremden, beschäftigen kann: mit einfachen Spielen, Kinderreimen, Märchen, Puppentheater. Man kann Spielsachen aus Wollgarn, Holz und anderem Naturmaterial machen, das leicht zu beschaffen ist und wozu es keiner langwierigen Vorbereitungen oder komplizierter Werkzeuge bedarf.

Das Wichtigste ist natürlich nicht, was dabei herauskommt, sondern daß wir es uns einmal gönnen, gemeinsam mit den Kindern etwas zu tun, was Spaß macht. Wenn wir uns nur daranmachen und einen Versuch wagen, statt mechanisch aufs Knöpfchen am Fernseher zu drücken, werden wir bald unsere verborgenen Talente entdecken!

Peter, fünf Jahre alt

Jetzt werden wir den fünfjährigen Peter kennenlernen, und wir wollen versuchen, die Welt mit seinen Augen zu sehen, mit ihm den Alltag zu erleben und uns vorzustellen, was er braucht, um sich zu einem harmonischen Menschen zu entwickeln.

Braucht er dazu das Fernsehen?*

* Wenn im folgenden vom Fernsehen die Rede ist, sind immer auch Telespiele, Bildplatten und Video mit einbegriffen.

Ein Kind wie alle anderen

Der fünfjährige Peter, der in einer Hochhaussiedlung wohnt, ist draußen und spielt mit seinen Freunden. Sie hocken an einer Mauer und stochern mit Stöckchen in einem kleinen Loch herum. Auf der Erde liegen ihre «Spielsachen»: ein hübscher Stein, ein Tannenzapfen,

ein paar Stöckchen, ein Häufchen Kieselsteine, eine leere Bonbonschachtel, ein aufgespießtes trockenes Blatt.

Die Kinder unterhalten sich flüsternd über das kleine «Hüpfelchen», ein Phantasiewesen, das in dem Loch wohnt und dem es nicht gut geht. Es gilt, es herauszulocken, ohne daß es Angst bekommt, so daß man ihm Medizin geben kann.

Es ist Vorfrühling. An der Nordseite liegt noch ein wenig schmutziggrauer Schnee; die Luft ist mild. Peter genießt es in vollen Zügen, von seinem dicken Winteroverall befreit zu sein. Jetzt kann er sich ungehindert in seinen Gummistiefeln und Hosen bewegen. Er atmet tief und schnuppert zufrieden an dem feuchten Zweig, den er in der Hand hält. Die Fäustlinge hat er zu Hause gelassen. Jetzt können die Finger beim Spielen wieder richtig dabeisein.

Alle Kinder haben rote Bäckchen bekommen und an ihren Bewegungen kann man sehen, wie eifrig sie bei der Sache sind.

In diesem Augenblick öffnet sich ein Fenster in einem Haus, seine Mutter streckt den Kopf heraus und sieht sich nach ihm um. Da entdeckt sie die Kinder und ruft: «Peter, schnell, das Fernsehen fängt an!»

Die Kinder halten in ihrem Spiel inne, sehen sich verwirrt an. Der Zauber des Spiels ist gebrochen.

Sie raffen ihre Kostbarkeiten zusammen und verstecken sie an der Mauer, in der Hoffnung, bald zurückkommen zu können. Mit einem kurzen «Tschüss» stieben sie auseinander, jeder heim zu sich.

Peter ist nun hereingekommen, hat sich die Jacke ausgezogen und sich anderthalb Meter vor dem großen Farbfernseher im Wohnzimmer auf den Boden gesetzt. Die Sitzmöbelgarnitur steht im Halbkreis vor dem Apparat. Im Zimmer herrscht Halbdunkel. Das Kinderprogramm hat begonnen.

Aus der Küche hört man Geklapper. Peters Mutter ist mit den Vorbereitungen für das Abendessen beschäftigt. Sie kommt ins Wohnzimmer, um sich zu vergewissern, daß der Fernseher richtig eingestellt ist und daß Peter und seine dreijährige Schwester sicher aufgehoben davorsitzen. Dann geht sie zurück in die Küche und läßt die Kinder allein fernsehen. Nach einer Weile rollt sich Peter auf den Bauch und steckt den Daumen in den Mund. Diese Stellung nimmt er sonst nur beim Einschlafen ein oder, wenn er sich langweilt. In dem abgedunkelten Wohnzimmer ist es schwer, die Veränderung seines Gesichts zu beobachten. Er wird blasser und seine Augen haben den eifrigen und neugierigen Ausdruck verloren, den sie vorhin draußen noch hatten. Sein Blick gleicht nun mehr dem eines Tagträumers, etwas schwebend, nicht direkt auf etwas gerichtet.

Anna dagegen, seine kleine Schwester, hüpft hörbar auf dem Sofa herum, bis die Mutter sie aus der Küche zurechtweist. Da steigen der Kleinen die guten Düfte aus der Küche in die Nase, und sie springt hinaus.

Nach ein paar Minuten ist sie wieder bei Peter. Mama war nämlich nervös – Anna hätte ja den Kaffeefilter umstoßen oder sich an der heißen Klappe des Backofens verbrennen können! Der Stuhl, auf dem Anna stehen wollte, um zu helfen, blockierte die Schranktür.

Die Kinder sitzen, ans Sofa gelehnt, auf dem Boden und starren geistesabwesend auf den Bildschirm. Ihre Nasen werden von Düften gekitzelt, die nicht das geringste mit dem zu tun haben, was im Fernsehen gezeigt wird. Geräusche aus dem Apparat mischen sich mit den häuslichen Geräuschen. Anna wendet oft den Blick vom Fernseher, denn sie kann noch nicht unentwegt ein und denselben Gegenstand ins Auge fassen.

Da klappt die Wohnungstür zu und Peter nimmt dunkel wahr, daß Papa heimgekommen ist. Aber er bringt es nicht fertig, sich aufzuraffen und ihm entgegenzuspringen.

Jetzt dringen die Stimmen der Eltern aus der Küche, die sich mit den Tönen des Radios und dem Rascheln der Zeitung vermischen. Die Eltern beginnen in aller Ruhe mit dem Abendessen. Sie wollen die Kinder nicht stören und ihnen den Spaß nicht nehmen.

Als das Programm zu Ende ist, sind die Erwachsenen noch beim Essen und die Kinder kommen in die Küche. Sie blinzeln ins helle Licht der Lampe und nehmen am Tisch Platz. Peter wird von einem dumpfen Gefühl der Unlust geplagt; er weiß weder, warum, noch weiß er, wie er sich davon befreien soll. Er tritt gegen das Tischbein, trifft aber Papas Bein und Annas Fuß. Der Vater ist müde. Er nimmt seinen Nachtisch und geht damit ins Wohnzimmer, wo er vor dem Fernseher in den Sessel sinkt.

Peter wird sein mulmiges, fast aggressives Gefühl nicht los. Wie soll er bei Tisch still sitzen können, wo er doch schon eine ganze Stunde vor dem Fernseher stillgesessen hat? Die Kinder folgen ihrem Vater ins Wohnzimmer und beginnen, auf seinen Schoß zu klettern und sich an ihn zu hängen.

Dann ist es Zeit für Annas Bad. Peter setzt sich mit einem Seufzer neben seinen Vater. Sie versuchen, sich miteinander zu unterhalten, aber der Fernseher übertönt ihre Worte. Außerdem hört man Anna in den höchsten Tönen im Bad quietschen, denn Baden ist ihre Lieblingsbeschäftigung. Dies ist eine der wenigen Gelegenheiten, wo sie die ungeteilte Aufmerksamkeit ihrer Mutter hat. Sie genießt in vollen Zügen die Wärme, das Gefühl des Schwebens im Wasser, den Duft der Seife und vor allem das Planschen in der Wanne.

Unterdessen entspinnt sich folgendes Gespräch:

Peter: «Können wir nicht was bauen, Papa?»

Papa (seufzt und denkt: Gerade jetzt, wo ich mich endlich hingesetzt habe! Das wird sicher wieder so ein Riesenbauwerk, dauert mindestens eine Stunde . . .): «Hm?»

Peter: «Bitte, bitte, lieber Papa!» (Er weiß kaum, wohin mit seiner aufgespeicherten Energie und platzt fast vor Tatendrang.)

Papa: «Also weißt du, ich bin jetzt ein bißchen müde von der Arbeit. Vielleicht nachher.»

Peter: «Aber nur ein ganz kleines Weilchen.» (Und das meint er wirklich. Er braucht nämlich Hilfe, um sich aus dem Sog des Fernsehens zu befreien und sich in sein leeres, dunkles Zimmer zu wagen.)

Papa: «Nein, also hör' jetzt bloß auf zu drängeln!»

Da stößt Peter ein unartikuliertes Geheul aus, wirft ein paar Sofakissen auf den Boden und rennt in den Flur hinaus, wo er sich aufs Schuhregal setzt.

Papa reagiert mit einem ungeduldigen Brummen.

Als Anna aus dem Bad kommt, ist Peter an der Reihe. Ihm macht das nicht ganz soviel Spaß, weil man ihn für alt genug hält, allein in der Wanne zu sitzen.

Papa ruft ab und zu ein paar Worte, um zu hören, ob er noch lebt. Mama bringt Anna ins Bett.

Nach dem Bad schlüpft Peter in seinen Schlafanzug, und dann darf er mit auf dem Sofa vor dem Fernseher sitzen, solange er will. Und weil er seinen Eltern, die er bewundert und liebt, nahe sein will, sitzt er treu mit dabei, solange er die Augen offenhalten kann. Mindestens einen Abend in der Woche schläft er dort ein. An manchen Abenden bringt ihn Mutter oder Vater in einer geeigneten Pause zwischen zwei Programmen ins Bett und liest ihm eine Gutenachtgeschichte vor. Dann heißt es: «Schlaf gut!»

Aber Peter kann nicht einschlafen. Er wälzt sich im Bett herum und versucht, gegen sein Bedürfnis nach Körperbewegung anzukämpfen, das sich im Laufe des Abends angestaut hat. In seinem Kopf wirbeln Bilder aus den Fernsehprogrammen herum. Endlich schläft er doch ein, und im Traum vermengt sich Wirkliches mit Unwirklichem zu einem grotesken Mischmasch. Alles, was er mit seinen Sinnen selbst erfahren hat, lebt in der einen oder anderen Form noch in seinem Inneren weiter. Besonders Erlebnisse, die er durch das Spielen nicht hat verarbeiten können, drängen sich ihm auf, unbegreiflich und daher schreckerregend.

Auch das scheinbar harmloseste Idyll aus dem Kinderprogramm kann sich im Traum zu etwas Haarsträubendem verwandeln. Peter hat die Fernsehbilder nicht begriffen, er hat sie ja nur ganz passiv über sich ergehen lassen.

Nachts wacht der Junge mehrere Male auf und tapst leise ins Schlafzimmer der Eltern. Da steht er ein Weilchen, sieht die Schlafenden an und fühlt sich von ihren tiefen Atemzügen beruhigt.

Nachdem wir uns nun hineinversetzt haben, wie Peter einen Nachmittag und Abend im Zeitalter des Fernsehens erlebt haben könnte, ist es an der Zeit, daß wir uns die Frage stellen: Was braucht er eigentlich, um sich zu einem harmonischen Menschen entwickeln zu können?

In den folgenden Kapiteln wird besprochen, inwiefern das Fernsehen die Bedürfnisse von Peter und allen anderen Kindern zufriedenstellen kann.

Wenn man fühlt, daß man geliebt wird

Wenn sich Peter im Leben zurechtfinden soll, muß er wenigstens einen Menschen haben, der zu ihm hält. Der Kleine fühlt sich geliebt, wenn er umarmt, gestreichelt und geküßt wird, wenn man sich um ihn sorgt und ihm freundliche Worte sagt.

Wo bist du gewesen, Peter?

Peter will sich als wichtiges Mitglied der Familie fühlen können. Er stellt die elterliche Liebe auf die Probe, indem er ausreißt, sich versteckt oder sich weigert, den Eltern zu gehorchen. Wenn ein Kind wegläuft oder die Schule schwänzt, *ohne daß jemand das merkt,* kann sein Selbstvertrauen dadurch ernsthaften Schaden erleiden.

Daß Eltern, Kindergärtnerinnen und Lehrer für sich selbst und die Kinder feste Regeln haben, verstehen die Kinder als Ausdruck der Liebe (auch wenn sie noch so sehr dagegen protestieren). Kinder brauchen solche Normen, die zwar ihre Freiheit einschränken, ihnen dafür aber auch ein Gefühl der Geborgenheit geben, wenn sie genau wissen: das ist erlaubt, aber das ist verboten.

Wenn ein Lehrer mit ansieht, wie ein Schüler von seinen Kameraden verhauen wird, und greift nicht ein, sinkt er in der Achtung der Kinder. Sie erwarten von dem Erwachsenen, daß er ihnen Einhalt gebietet.

Wenn Peter oft Redewendungen zu hören bekommt, wie z. B.: «Mach, was du willst», «Du kannst im Fernsehen anschauen, was du willst», kann das bei ihm den Verdacht erwecken, daß er den Eltern eigentlich ziemlich gleichgültig ist. Peter weiß nämlich im Grunde genau, daß er noch *nicht* beurteilen kann, was in verschiedenen Situationen für ihn das Richtige ist. Wenn sich der Erwachsene vor seiner Verantwortung drückt und den Fernseher oder das Tonbandgerät zum Hüter des Kindes macht, faßt Peter das letztlich so auf, als ob man ihn im Stich ließe.

Wenn Papa aber kurzentschlossen den Fernseher abschaltet, mit den Worten: «Das solltest du lieber nicht sehen. Komm, wir wollen statt dessen was anderes machen!», dann ist er nicht streng, sondern ganz im Gegenteil liebevoll.

Mama und Papa, wo seid ihr?

Wenn es an der Tür klingelt und ein fremder Mann steht draußen und fragt, ob er Ihr Kind eine Weile unterhalten und informieren dürfe, lassen Sie ihn hereinkommen?

Vielleicht, wenn Sie auch sonst Ihr Kind fremden Leuten überlassen, nämlich den Fernseh-Onkels und -Tanten, die sich Woche für Woche eine beachtliche Zeit Ihres Kindes annehmen! Das Fernsehen ist ja gewissermaßen ungefährlicher als ein Fremder aus Fleisch und Blut, da es das Kind nicht entführen kann.

Aber daß das Kind beim Fernsehen psychisch Ihrem Einfluß entfremdet wird, ist das nicht ebenso bedrohlich?

Peter braucht weder Spielzeug in Mengen noch Fernsehprogramme als Kompensation für die Gesellschaft seiner Eltern: Er braucht seine

Untersuchungen haben festgestellt, daß viele Kinder im Vorschulalter TV-Großkonsumenten sind. Warum ist das so? Ganz einfach: weil sie den physischen Kontakt mit ihren Eltern suchen!

Eltern mit Haut und Haaren, er hat richtig *Hunger* nach ihnen. Er ist ja zu ihnen gekommen, um bei ihnen groß zu werden. Er kann sie nicht eintauschen, selbst wenn er das wollte.

Leni Filipson hat eine Umfrage über die Fernsehgewohnheiten von schwedischen Kindern im Vorschulalter gemacht und war überrascht zu entdecken, wie viele Kleinkinder zu den Großkonsumenten von Fersehsendungen zählen. Sie stellte jedoch fest, daß diese Kinder eigentlich nicht um des Programms willen dort saßen, sondern hauptsächlich deswegen, weil sie mit Mutter oder Vater physischen Kontakt suchten.

Die Eltern kamen offensichtlich nicht auf den Gedanken, daß diese Programme für Kleinkinder vielleicht nicht geeignet sein könnten. «Er ist ja noch so klein und versteht das sowieso noch nicht», erklärten sie auf eine diesbezügliche Frage.

Guten Tag, Ingemar!

Einer meiner Bekannten war zu Besuch bei einer Familie, in der es ein zweieinhalbjähriges Töchterchen namens Katharina gab. Die Eltern hatten während des ganzen Winters voller Interesse im Fernsehen die Slalomwettkämpfe des Skiläufers Ingemar Stenmark verfolgt.

«Tag, Katharina!» sagte der Besucher.

«Wenn man sie Katharina nennt, bekommt man keine Antwort», erklärte ihr Vater. «Sie heißt neuerdings Ingemar.»

«Tag, Ingemar!»

«Tag!»

Der Vater fand diesen Einfall seines Töchterchens offensichtlich äußerst amüsant. Aber von Katharinas Warte aus betrachtet, war er wahrscheinlich nicht ganz so lustig. Es war ihr verzweifelter Versuch, die Aufmerksamkeit der Eltern wieder auf sich zu lenken: «Seht mich doch auch an, nicht nur das Männchen da im Fernsehen!»

Wenn man sich um sein Kind kümmert und ihm ungeteiltes Interesse zuteil werden läßt, wird es davon schützend umhüllt und kann in Geborgenheit unbekümmert und frei seine Welt erforschen. Die Impulse aus dem Fernsehen in ihrer Zusammenhanglosigkeit zerstören die schützende Atmosphäre um das Kind, teils, weil die

Aufmerksamkeit der Eltern dadurch abgelenkt wird, und teils, weil es mit einer Vielzahl von Dingen konfrontiert wird, für die es noch nicht die nötige Reife hat.

Wofür unser Peter gerade heute aufnahmefähig ist, kann der Onkel im Fernsehen nie und nimmer beurteilen. Wir Erwachsenen wissen am besten, wann der richtige Zeitpunkt gekommen ist, wo wir schwierige Fragen wie z. B. Eifersucht oder sexuelle Aufklärung besprechen können oder wann man annehmen kann, daß er die Bedeutung solcher Wörter wie Korruption, Inzest oder dergleichen verstehen kann.

Das Angebot an Fernsehsendungen ist schier endlos. Wir Eltern müssen die Auswahl treffen, was gesehen, und vor allem, was nicht gesehen werden soll. Das ist eine unbequeme Aufgabe, vor der wir uns nicht drücken dürfen!

Wer Angst hat, kann nicht spielen

Wenn man Angst hat, stellt sich der Körper auf Abwehr ein. Viele Funktionen werden gehemmt; die Verteidigungsbereitschaft jedoch wächst. In einem derartig angespannten Zustand kann man nicht spielen. Schon das Baby stellt die Erforschung seiner Umgebung ein, wenn es plötzlich abgekühlt oder sonstwie geängstigt wird.

Weil der Schlüssel zu einer vielseitigen Entwicklung des Kindes in seinen Spielen zu suchen ist, hat der Erwachsene die Aufgabe, das freie, kreative Spiel auf jede erdenkliche Art zu fördern und das Kind vor allem zu schützen, was es am Spielen hindert, z. B. vor Angstzuständen, die durch Fernsehen ausgelöst werden können.

Ich glaube, daß ein Kind, das sich nach einer Fernsehsendung ängstigt, sich unterbewußt mit Verzweiflung fragt: «Warum haben sie mich das nur sehen lassen?» An dieser unausgesprochenen Frage tragen viele Kinder. Eine der Mütter in Leni Filipsons Untersuchung sagte folgendes: «Er hat oft Alpträume, aber die kommen bloß vom Fernsehen.»

«Das ist doch nur im Fernsehen, mein Kleiner, nicht in Wirklichkeit», sagen wir tröstend, wenn Peter Angst hat – und meinen damit, daß der Fernseher doch nur ein Möbelstück ist, und als solches kann er doch wohl nicht gefährlich sein? Aber Peter sieht mit seinen klaren Augen, daß es *doch* Wirklichkeit ist. Er hat ja schon Morde und Hinrichtungen im Fernsehen gesehen, und da sagten seine Eltern, daß sie wirklich stattgefunden haben. Deshalb ist es auch diesmal wahr, und man bekommt Angst.

Aber Kindchen, wie kannst du nur so dumm sein! Du brauchst doch keine Angst vor unserem guten alten Fernseher zu haben! Sieh mal, ich halte ja die Hand drauf, ohne daß er mich beißt; nun komm doch schon!

«Wenn ich im Bett liege und vor etwas Angst habe, was ich z. B. im Kino gesehen habe, denke ich immer, daß es nicht hier war, sondern woanders. Es war früher und nicht jetzt», sagt Heinz, elf Jahre alt.

Wir können unsere Kinder nicht davor bewahren, daß sie im täglichen Leben oft auf Gewalt und Grausamkeit stoßen, aber vor der Fernseh-Brutalität können wir sie schützen, auch gegen die in der Berichterstattung. Wir bleiben doch auch nicht bei einem Verkehrsunfall stehen, nur um uns an scheußlich blutigen Szenen zu weiden – warum sollten wir das dann vor dem Fernseher tun?

Die Gewöhnung an alle Formen von Gewalt erhöht die Bereitschaft, selbst mit Gewaltanwendung zu reagieren. Dagegen wird die Bereitschaft, bei vorkommender Gewalt einzugreifen, geschwächt. Außerdem kann die ständige Gegenwart von Gewalt die Kinder ängstigen und ihr Vertrauen in die Welt der Erwachsenen untergraben.

«Ich habe Angst, daß die ganze Welt in die Luft fliegt. Das kann nämlich passieren», sagt der achtjährige Joachim.

Von seiten ihrer Spielkameraden werden Kinder oft starkem Druck ausgesetzt, grausame Videofilme zu sehen.

«Ich will nicht die ganze Nacht schreckliche Träume haben. Deshalb sehe ich keine Horrorfilme im Fernsehen. Aber wenn man in die Schule kommt und hat den Horrorfilm am Abend vorher nicht gesehen, wird man ganz schlecht behandelt. Die andern sagen z. B.: Der traut sich nicht, weil er dann schlecht träumt, er hat keinen Schneid, er darf ja nicht, und solche Sachen sagen sie die ganze Zeit. Ich darf schon, aber ich will am liebsten nicht gucken.»

«Am liebsten nicht», das sagt der elfjährige Bernd. Wie können wir unseren Schulkindern helfen, dem Druck der Kameraden standzuhalten und sich zu getrauen, zu sagen, daß sie Angst haben? Vielleicht wäre es geradezu eine Erleichterung für Bernd, wenn seine Eltern ausdrücklich sagten: «Nein, diesen Film hier darfst du nicht sehen!» Dann könnte er nämlich seinen ‹doofen› Eltern dafür die Schuld zuschieben.

Warum sind die Bilder im Fernsehen so angsterregend? Vielleicht gibt Bernd selbst die beste Antwort: «Wenn man ein Buch liest, kann man sich ja selbst vorstellen, wie alle aussehen. Im Fernsehen sieht man sie ganz blutig, aber in Büchern nicht.»

In der eigenen Phantasie kann man sich alles geradeso furchterregend vorstellen, wie man es eben aushalten kann. Aber das Fernsehen nimmt keine Rücksicht auf das Toleranzniveau des einzelnen. Szenen, die wir gesehen haben, können wir nicht wieder loswerden.

Aber wenn wir ein Märchen hören oder ein Buch lesen, da bearbeiten wir den Stoff mit unserer Phantasie. Jeder, der ein Märchen hört, schafft sich selbst eine individuelle Vorstellung davon. Auf dem Bildschirm dagegen werden wir alle mit denselben Bildern abgespeist. Die reiche Erfindungsgabe des einzelnen wird nicht beansprucht.

Unsichere und kranke Kinder

Nicht alle Zuschauer reagieren in gleicher Weise mit Angst auf eine bestimmte Szene eines Programms. Manchen Kindern jagen Filme, die ab sechs Jahren zugelassen sind, Schrecken ein. In einer Umfrage der Forschungssektion des schwedischen Rundfunks für Publikums- und Programmfragen wurde festgestellt, daß es sich in über 50 Prozent der Fälle, wo Kinder beim Fernsehen Angstreaktionen zeigten, um Kinderprogramme handelte.

Solche Kinder sind oft sowieso schon unsicher, oder sie sind noch nicht reif genug, die sich bewegenden Bilder richtig zu deuten. Das Vermögen dazu stellt sich übrigens nur selten früher als im Alter von sechs Jahren ein.

Drücken Sie nicht die Augen zu, wenn Ihr Kind fernsieht, warnt eine schwedische Studie: «Unsichere und isolierte Kinder lassen sich von Fernsehprogrammen gefühlsmäßig besonders leicht beeinflussen. Das macht sich in Äußerungen von Aggression und Furcht bemerkbar, zeigt sich aber auch in Normen und Werturteilen der Kinder. Selbst dann, wenn man bei dem zur Diskussion stehenden Thema kein eigenes Wissen und keine eigene Erfahrung mitbringt, wird man in seiner Stellungnahme maßgebend vom Fernsehen beeinflußt.» (Feilitzen, Filipson, Schyller: Blunda inte för barns tittande, 1977.)

Elisabeth Lang schreibt in ihrer Dissertation «Kind, Familie und Fernsehen», Freiburg 1980, S. 19, viele Studien hätten eine positive Korrelation zwischen Symptomen und Verhaltensstörungen und der Menge des Fernsehkonsums gefunden. Im einzelnen seien Kinder, die besonders viel fernsehen, folgendermaßen gekennzeichnet: Sie fielen durch emotionale Unsicherheit auf und dadurch, daß sie schlecht angepaßt seien. Je stärker Kinder unwirkliche Programme, wie Trick- und Science-Fiction-Filme bevorzugten, um so mehr Symptome und Verhaltensstörungen wurden festgestellt.

Und auf S. 30 lesen wir bei Lang, Verhaltensstörungen und Kontaktschwierigkeiten zeigten an, daß die Reifung und Entwicklung eines Kindes gestört oder zumindest behindert ist. In diesen Fällen ersetze Fernsehen teilweise mangelnde eigene Lebendigkeit und fehlende oder unbefriedigende menschliche Beziehungen: Das Kind flüchtet zum Teil in die Unterhaltung und Ablenkung durch Fernsehen, weil es mit sich selbst nichts anzufangen weiß und weil es sich auch in der Beziehung mit anderen überfordert fühlt. Das ist verständlich, da allein zu spielen oder mit anderen etwas zu unternehmen mehr an Selbstsicherheit, Aktivität, Durchhaltevermögen, Phantasie und Ausdrucksfähigkeit verlangt als fernzusehen.

Auch für diejenigen, die an der einen oder anderen Art von Gehirnschäden leiden, ist Fernsehen nachweislich nicht gut. Für diese Menschen ist es ja ohnehin schwierig, Sinnesempfindungen aufzunehmen und umzusetzen. Bei vielen «Psychosen ist es für die Patienten charakteristisch, daß ihre Gedanken hin und her irren. Sie können sich nicht sammeln, sondern folgen unverzüglich jedem Einfall», schreibt Sigurd Dvoretsky in seinem Buch über die Aktivierung von entwicklungsgestörten Menschen (1969).

Wir erfahren weiter, daß bei gewissen Arten von Gehirnschäden die Wahrnehmung des Körpers und der Umwelt auf besondere Weise beeinträchtigt wird. Die Folge davon ist z. B. Gestaltzerfall. Das bedeutet, daß für den Kranken die ihn umgebenden Dinge ihren Zusammenhang verlieren. Diese Störung der Wirklichkeitserfassung äußert sich unter anderem darin, daß die Gegenstände nicht wie für Gesunde ihre Form behalten, sondern mit ihrem Hintergrund zusammenfließen.

Die Störungen in der Wahrnehmung ihres Körpers veranlaßt die Kranken bisweilen, mit ihrem Gesprächspartner rein sensorischen Kontakt aufzunehmen, d. h. sie müssen ihn physisch berühren, ihn streicheln, ja sogar beißen oder an ihm lecken.

Es ist selbstverständlich, daß jemand, der mit den Wahrnehmungen seines eigenen Körpers nicht zurechtkommt, durch Fernsehen nur daran gehindert wird, sich eine bessere Körperbeherrschung und Wirklichkeitsverankerung anzueignen. Ein solcher Mensch braucht außer ständiger Übung in alltäglichen Verrichtungen auch Ruhe und Rhythmus, damit die regelmäßige Wiederholung Sicherheit schenken und Hilfe leisten kann, sich zurechtzufinden. Natürlich braucht der Kranke vor allem verständnisvolle und positive Menschen um sich herum.

Das Fernsehen entfernt den Zuschauer von sich selbst, verwischt die Grenzen zwischen Wirklichkeit und Einbildung. Dadurch wird es dem Entwicklungsgestörten erschwert, seinen eigenen Körper kennen und beherrschen zu lernen und psychisch «dazusein».

In bestimmten therapeutischen Einrichtungen versucht man, den unermeßlichen Bedarf der Entwicklungsgehemmten an Übung der Sinne durch Spieltherapie zu decken. Die heilsame Wirkung solcher Therapie soll ja nicht geschwächt werden; daher sollte es wohl auch in der Familie selbstverständlich sein, daß das Fernsehen aus dem Leben geschädigter und kranker Kinder ausgeschlossen wird.

Nun zu den Kleinkindern, deren Nervensystem noch in der Entwicklung begriffen ist. Natürlich sind nicht alle Kleinkinder gleich. Sie sind mehr oder weniger empfindlich. Besonders gefährlich ist Fernsehen, wo latente Dispositionen zu Geisteskrankheiten vorliegen. Wir gehen z. B. das Risiko ein, mit dem schockartig wirkenden Licht und Geflimmer des Fernsehers einen epileptischen Anfall bei einem Kind auszulösen, das diesen sonst nicht bekommen hätte («Fernseh-Epilepsie»). Das Fernsehflimmern «kann störend oder sogar gefährlich für Epileptiker sein. Bei der Diagnose von Epilepsie macht man sich diese Erkenntnis zunutze», schreibt R. L. Gregory, in «Eye and Brain» (Auge und Gehirn; Aldus 1972).

Kleinkinder sollten sich überhaupt nicht vor dem angeschalteten Fernseher aufhalten: Die gesundheitlichen Risiken sind zu groß.

Aber auch für größere Kinder, die zwar sonst gesund sind, aber gerade eine Kinderkrankheit oder Fieber haben, ist Fernsehen Gift. Auch ihnen tut es nicht gut, in das unstete Licht des Fernsehers zu starren, besonders, wenn sie bei Fiebererkrankungen ohnehin schon mit Schwindel und Übelkeit zu kämpfen haben.

Es sei hinzugefügt, daß auch sprachgestörten Kindern oder denen, die schlechte Augen haben, Fernsehen nicht guttut. Wer an einem Bildschirmcomputer arbeitet, kann bestätigen, wie anstrengend es ist, die flimmernden Buchstaben, Zeichen und Ziffern abzulesen.

Fernsehen schädigt also am meisten die Kinder, die von Anfang an die schlechtesten Ausgangsbedingungen hatten. Bei diesen Kindern kann im Gegensatz zu den gesunden, schon einmaliges Fernsehen, können schon *einzelne* Programme Schaden anrichten. Statt Fernsehen, Video, Tonbandgeräten und dergleichen bedürfen sie in allerhöchstem Grade menschlicher Wärme, sie brauchen Gelegenheit zu Gesprächen und Körperkontakt.

Der Erwachsene als Vorbild

Der Nachahmungstrieb

Schon als ganz kleiner Junge konnte Peter Vater oder Mutter beobachten und ihre Bewegungen nachahmen. Wenn sie z. B. das Zimmer kehrten, sich die Hände abtrockneten oder beim Lesen die Stirn runzelten, machte er das mit beinahe komisch wirkender Genauigkeit nach, noch ohne zu verstehen, warum sie das taten. Als er größer wurde, fuhr er fort, vieles nachzuahmen, jedoch nicht immer unmittelbar, nachdem er es gesehen hatte. Wenn ein Handwerker bei der Arbeit war, stand der Junge still dabei und beobachtete alles genau. Dann konnten mehrere Tage vergehen, ehe er das Gesehene in seinen Spielen verwendete.

Aber Peter nimmt sich nicht nur die Gebärden der Erwachsenen zum Vorbild, sondern auch ihre Einstellungen zum Leben. Mit geradezu unheimlichem Scharfsinn entdeckt er im Handumdrehen Unehrlichkeit bei Erwachsenen, wenn sie Kinder einer Sache wegen zurechtweisen und dann selbst das Gegenteil tun!

Warum ahmt Peter so gerne nach? Macht er sich über die Erwachsenen lustig? Nein, ganz im Gegenteil, die Nachahmung ist ein Ausdruck für die große Bedeutung, die die Eltern für ihn haben; ein Ausdruck dafür, wie unendlich lieb er sie hat und daß er ihnen später, wenn er groß ist, gleichen will.

Peter ist abhängig von den Erwachsenen, die er um sich hat. Sein ganzes noch unverstelltes Wesen ist ihnen hingebungsvoll zugewandt. Er glaubt noch, daß die Welt gut ist, daß alles wert sei, nachgeahmt zu werden. Deshalb ist es so wichtig, daß die Erwachsenen sich bemühen, wirklich gute Vorbilder zu sein, ganz besonders, was ihre innere Einstellung zum Leben betrifft. Was fühle ich, was denke ich, was zeige ich dem Kind mit meinem Tun? – Das sind die Fragen, auf die es ankommt.

Wenn neuerdings propagiert wird, daß es richtig sei, seinen Gefühlen freien Lauf zu lassen, seinen Ärger ruhig zu zeigen, denkt man wahrscheinlich nicht daran, welche Konsequenzen das für Kinder hat. Wenn der Vater beim Nachhausekommen müde, bekümmert und verstimmt ist, kann Peter sich nicht zu seiner eigenen Beruhigung sagen, daß Papa nur ein bißchen mitgenommen ist, weil der Chef ihm einen Rüffel erteilte.

Nein, für Peter und Anna ist Zorn und Ärger der Eltern wie eine Gewitterwolke, die den Himmel verdunkelt und sie mit einem erstikkenden Unbehagen erfüllt. Und Peter muß auch das nachahmen! Ohne den Grund dafür zu verstehen, eignet er sich den Zorn des Vaters an und wird davon geprägt.

«Wenn man seinen Launen vor den Augen der Kinder freien Lauf läßt, z. B. wenn man gerade seinen schlechten Tag hat, hat man ja vor den Schwierigkeiten kapituliert. Davon wird man kein besserer Erzieher», schreibt Inger Brochmann Laursen in dem Buch «Gør vi vore børn fortred?» (Kopenhagen 1979).

Auch unter extrem schwierigen Verhältnissen sind Kinder ihren Eltern gegenüber loyal. Wenn das Kind stets verständnisvolle und frohe Mienen um sich sieht, da gedeiht es wie die Pflanze im Sonnenschein. Wenn die Eltern sich dem Kind zuwenden und es bitten, dabeizusein und mitzuhelfen, dann beginnen seine Augen zu leuchten, und alles macht Spaß. Ganz das Gegenteil bewirken natürlich Worte wie: «Du machst so ein Durcheinander! Bitte spiel doch woanders, Anna!»

Jetzt, da wir wissen, welch große Liebe und welches Zutrauen Peter zu seinen Eltern und anderen Erwachsenen hat, müssen wir uns immer wieder die Frage stellen, ob sich die Erwachsenen eigentlich richtig verhalten, wenn er dabei ist und zusieht. Sieht Peter seine Mutter mit hochrotem Gesicht wie eine Furie herumrasen und mit heftigen Bewegungen sein Bett machen und sein Zimmer in Ordnung bringen, was bekommt er da für einen Eindruck? Vielleicht, daß es keinen Spaß macht, aufzuräumen? Womöglich kommt ihm sogar der Verdacht, daß er und seine Sachen der Mutter nur lästig sind, weil sie Extraarbeit verursachen?

Fernsehen – wichtiger als richtige Menschen?

Die Art und Weise, wie sich Peters Eltern und seine Kindergärtnerin zum Fernsehen verhalten, läßt ihn tief blicken:

Sein Vater, der von der Arbeit nach Hause kommt, stürzt in die Wohnung und läßt sich, ohne «Guten Abend» zu sagen, in seinen Fernsehsessel sinken.

So kann es klingen, wenn Besuch kommt: «Freut mich, daß du vorbeikommst! Nimm doch Platz – auf dem Fernsehsofa!»

«Hör mal, ich muß leider Schluß machen, das Fernsehen fängt jetzt an. Nett, daß du angerufen hast.»

«Was, ihr habt kein Video? Was sollen wir denn dann die ganze Zeit machen?»

«Ach, wir pfeifen heute auf das Abendessen, wir essen schnell einen Happen, dann können wir das nächste Programm auch noch sehen.»

«Bei denen kann man ja nicht babysitten, die haben ja keine Videospiele.»

«Kinder, Schluß mit dem Spiel jetzt, kommt herein, das Fernsehen fängt an!»

«Seid doch endlich still, ich kriege ja überhaupt nichts von der Handlung mit, wenn ihr die ganze Zeit quasselt!»

Und so weiter . . .

Die Freunde sind ja nachher auch noch da, aber das Fernsehprogramm verflüchtigt sich unwiederbringlich, oder?

Obwohl es Peter am meisten Spaß macht, mit seinen Freunden draußen zu spielen, rufen die Eltern ihn herein zum Fernsehen.

Was lernt das Kind daraus?

Je mehr wir uns selber zu Sklaven des Fernsehens machen, desto schwerer ist es für Kinder, sich aus seinem Bannkreis loszureißen.

Ein Gute-Nacht-Onkel, Herr Irgendwer, liest allen Kindern im ganzen Land auf dem Bildschirm eine Geschichte vor. Da sitzen sie nun alle, aus ganz verschiedenen Milieus, jedes mit völlig anderen Voraussetzungen und seinem eigenen Leben. Sie alle sollen nun genau dasselbe hören. Ist das nicht dürftig? Ich finde, daß das eine beispiellose kulturelle Verarmung bedeutet.

Wenn wir uns dann nach dem Programm treffen, alle mit denselben visuellen Reminiszenzen, was haben wir dann eigentlich einander zu bieten? Wir brauchen nur ein paar Worte zu murmeln, Grimassen zu schneiden und dabei vereinzelte Laute auszustoßen. Es reicht völlig, primitive Anspielungen zu machen auf das, was wir gesehen haben, und die anderen verstehen sofort, was gemeint ist. Wir sind uns rührend einig, was uns der Mühe enthebt, weiter auf den anderen und seine Innenwelt einzugehen.

Videospiele und Heimcomputer haben eine besondere Anziehungskraft auf Zehn- bis Vierzehnjährige. «Mein Computer ist einfach prima, er beantwortet immer meine Fragen und wird nie böse oder ungeduldig», so drückt es ein Junge in diesem Alter aus. Die junge männliche Generation scheint sich in Gesellschaft des Computers besonders wohl zu fühlen. Seine Loyalität, Folgsamkeit und ständige Einsatzbereitschaft schenken dem Spieler bzw. Programmierer ein Gefühl der Macht. Der schier unerschöpfliche Reichtum an Kombinationsmöglichkeiten fasziniert ihn.

Aber TV und Heimcomputer sind und bleiben seelenlose Apparate, die die wichtigen gefühlsmäßigen Bedürfnisse von Kleinkindern und Schulkindern nicht zufriedenstellen können. Peter braucht richtige Menschen, die ihm helfen, sich in der Wirklichkeit zurechtzufinden.

Der beste Vater der Welt

Peter bewundert seinen Vater. Der kann kaputte Sachen wieder ganz machen; er ist groß und stark. Er kann einfach *alles!* Besonders seine praktische Fertigkeit macht großen Eindruck auf Peter. Büroarbeit ist langweilig und abstrakt; da sitzt man nur still. Man soll doch sehen können, daß etwas passiert! Peter will Traktorfahrer oder Schornsteinfeger werden, wenn er groß ist.

Eben sitzen Peter und sein Vater vor dem Fernseher. Es wird ein Programm über die schrecklichen Verhältnisse und die Not in einem anderen Land gesendet. Was geht in dem Jungen vor? Einerseits ist er empört darüber, wie schwer es die Menschen dort haben und möchte ihnen sofort helfen.

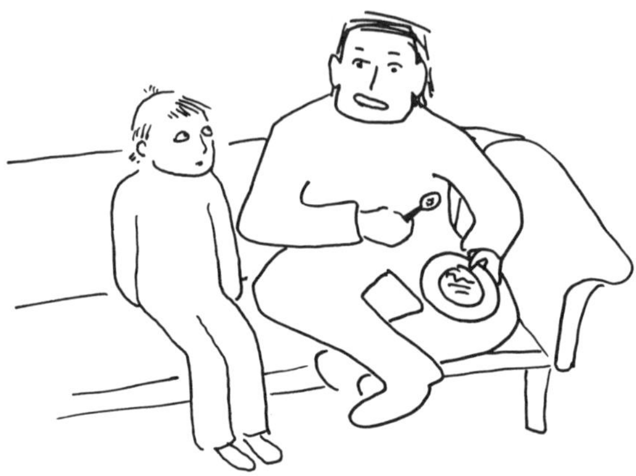

Andererseits sieht er den besten aller Väter neben sich sitzen und mit Wohlbehagen seinen Nachtisch verspeisen, während er eine Bemerkung vor sich hinbrummelt, wie furchtbar es dort ist. Aber Papa *unternimmt* nichts dagegen.

Dies ist ein schwerer Konflikt für Peter, vielleicht nicht so ganz bewußt, aber doch beunruhigend. Er will ja so sein wie sein Vater! Aber er will auch offenbare Ungerechtigkeiten bekämpfen, denn er ist ein Mann der Tat. Soll er nun weiterhin dem Vater nacheifern und ebenso passiv sein wie er? Oder soll er einsehen, daß Papa nichts ändern *kann* oder *will?* Vielleicht ist er doch nicht der allerbeste Vater der Welt?

Natürlich entdecken alle Kinder früher oder später, daß ihre Eltern nicht, wie sie von ihnen geglaubt hatten, alles können. Aber es wäre gut, wenn diese Einsicht sich erst einige Jahre später einstellte. Bevor Peter in die Schule kommt, soll man ihm die beruhigende Gewißheit lassen, daß die Eltern «allmächtig» sind. Beraubt ihn das Fernsehen dieser Sicherheit zu früh?

Ebenso wie das Geschehen in seiner Umgebung ihn stark beeindruckt, so engagiert sich Peter auch für das, was er im Fernsehen sieht. Die kleinen Kälbchen z. B., die da geschlachtet werden sollen, tun ihm so leid, daß er augenblicklich den Entschluß faßt, Vegetarier zu werden. Aber was hat er dann für eine Mühe, den Rest der Familie von der Ernsthaftigkeit seines Entschlusses zu überzeugen! Sie finden es ja so schwierig, ihre Gewohnheiten zu ändern. Muß er denn gleich so übertreiben, daß er seine ganze Lebensführung ändern will, nur weil er etwas im Fernsehen gesehen hat?

Daß man sich selbst mit den Mahlzeiten nach dem Fernsehen richtet und daß man sich beim Möblieren seiner Wohnung vom Stil der Fernsehserien beeinflussen läßt, ist schließlich etwas *ganz* anderes!

Wenn Peter jedesmal, wenn er spontan und aufrichtig auf das Gesehene reagiert, eine ironische Bemerkung zu hören bekommt, nimmt er auch bald die laxen Fernsehgewohnheiten der Erwachsenen an. Man zieht vielleicht die Augenbraue ein wenig in die Höhe, wenn auf dem Bildschirm eine Hinrichtung stattfindet. Man gähnt zerstreut, wenn Sie und Er sich am Schluß kriegen.

Der erwachsene Zuschauer ist Vorbild!

Gewalt im Fernsehen

Wenn die Menschen um Peter wie stumme, glotzäugige Fische im Aquarium der Gleichgültigkeit herumgleiten, ist es ja ganz natürlich, daß ihm die reitenden, schießenden, schreienden und schwitzenden Fernsehhelden imponieren. Die *tun* doch wenigstens was! Sie kämpfen, kippen Autos um, zünden Häuser an, hängen Leute an die Laternenpfähle – alles für einen heiligen Zweck. Da ist was los! Da möchte Peter auch mitmachen!

Es ist erwiesen, daß besonders die Gewalt, die der Held ausübt, uns beeindruckt und formt. Haben wir selbst in unserem kümmerlichen Leben keinen anderen Helden, keinen großen Jungen, zu dem wir aufblicken und von dem wir lernen wollen, dann müssen wir mit dem vorliebnehmen, was uns geboten wird. Wenn außerdem niemand mit

Nachdruck Abstand von den Gewaltsamkeiten nimmt, kann Peter ja nicht wissen, daß sie verwerflich sind.

Professor H. Heinrichs, Leiter des audiovisuellen Zentrums in Hildesheim meint, durch Gewaltanwendung im Fernsehen werde bei Kindern eine Art Bereitschaft zu Verbrechen geschaffen. Sie werden durch die Gewöhnung an Gewalt auf eine eventuelle kritische Situation vorbereitet, in der sie selbst die Handelnden sind.

Kinder reagieren aggressiv, wenn sie nach einem Programm, wo Gewalt vorgekommen ist, ihre Wünsche nicht erfüllt bekommen und auf Widerstand stoßen.

In den USA führt die Organisation NCTV (National Coalition on Television Violence), einen ungleichen Kampf gegen die sich in den TV-Medien immer mehr ausbreitende Gewaltverherrlichung. In den beliebten Video-Spielhallen sind Kinder ständig damit beschäftigt, Gewalt auszuüben. Das geschieht auf ungefähr dieselbe Art wie beim Rollenspiel, das ja pädagogisch unbestreitbar sehr effektiv ist. Hier bekommen also Kinder ab acht Jahren praktisch eine gediegene «Ausbildung» in der Kunst, ins Schwarze zu treffen und feindliche Roboter oder Piloten abzuschießen; kurz gesagt, auf einfache Signale mit unmittelbarer Gewalt zu reagieren.

Ja, aber es gibt im Fernsehen doch auch positive Vorbilder! So hört man manchmal. Ja natürlich, aber eigenartigerweise scheint es so zu sein, daß wir uns am besten an die negativen Ereignisse erinnern. Nach der Fernsehfolge «Roots» fiel es in Schweden dem Personal in den Kinderfreizeitstätten auf, das die Kinder ihre Hüpfseile als Peitschen und Fesseln gebrauchten. Auch sonst stabile und ausgeglichene Kinder ließen sich zu solchen gewalttätigen Spielen hinreißen. Sozialpädagogen äußerten die Ansicht, daß konstruktive Eindrücke dagegen durch die Schule vermittelt würden und nicht durch das Fernsehen.

Der Kampf des Lehrers

Als Lehrer ist man in der schweren Situation, ständig die Aufmerksamkeit der Schüler aufrechterhalten zu müssen.

Ein Lehrer der Grundstufe erzählt, daß es am Tage nach einem beliebten Fernsehprogramm manchmal reicht, daß ein Schüler in einer Ecke ein einziges Wort sagt, und die ganze Klasse bricht in Unisono-Gebrüll aus. Die Kinder «verstärken» gegenseitig ihre Erinnerungen. Sie müssen nun der gestauten Unruhe, die der Film geschaffen hat, Ausdruck verleihen. Der Lehrer beherrscht die Situation nicht mehr; seine Rolle als Vorbild der Kinder wird untergraben. Außerdem sind die Schüler vom Fernsehen an hohes Tempo und starke Gefühlsreizung gewöhnt. Daher finden sie vielleicht den Unterricht des Lehrers langweilig.

Viele Lehrer müssen, um die Voraussetzungen für den Unterricht beurteilen zu können und sich ein Bild von der Stimmung im Klassenzimmer am Tage darauf machen zu können, nach eigener Aussage am Abend vor einem Schultag fernsehen.

Die Kinder tragen Erinnerungen an aufrüttelnde Filmszenen ins Klassenzimmer herein, Erinnerungen an Mord, Brutalität und Liebesleidenschaft. Können wir wirklich von ihnen verlangen, daß sie all diese dramatischen Bilder ins Unterbewußtsein verdrängen, um für den im Vergleich dazu undramatischen Vortrag des Lehrers Interesse aufzubringen?

Die Mutter eines siebenjährigen Jungen sagt: «Wenn man ihm etwas vorliest, will er Bilder dazu sehen. Wenn keine Bilder im Buch sind, hat er es gleich satt.» Haben es die Kinder im Zeitalter des Fernsehens verlernt, anderen mit Einfühlungsvermögen und Respekt zuzuhören? Trotz allem muß doch der Lehrer, der erwachsene Mensch, das wichtigste «Lehrmittel» der Schule sein. Die Persönlichkeit des Erwachsenen ist das beste Mittel, das uns zur Verfügung steht, um das Kind auf seinem Lebensweg zu leiten.

Lebendige Vorbilder

Die Fernsehbilder sind insofern abstrakt, als man sie aus ihrem realen Zusammenhang gerückt und auf den Bildschirm gebracht hat. Sie sind ganz und gar fremd in der Umgebung, in der sie erscheinen, und entbehren deshalb für das Kleinkind jeglichen Sinnes.

Selbstverständlich kann das Fernsehen ausgezeichnete Impulse geben, Ideen, die man später verwirklichen kann. Aber das Kind im Vorschulalter will *sofort* nachmachen, was es bei anderen sieht. Peter nimmt ungeduldig der Mutter den Rechen aus der Hand, weil er jetzt sofort rechen will, und das gerade mit dem Rechen, den die Mutter hat! Sie muß nachgeben und sich einen anderen holen. Peter kann sich nicht, wie ältere Schulkinder oder Erwachsene, beim Fernsehen sagen: «Oh, prima, das mache ich nachher auch, wenn das Programm zu Ende ist!»

Nein, er will unmittelbar zu Werke gehen.

Ein weiterer Aspekt der Frage «Vorbild und Nachahmung» ist folgender: Für Peter ist es am besten, etwas Sinnvolles und Konkretes nachzuahmen, wie z. B. die Zubereitung von Essen, die Herstellung von Gebrauchsgegenständen, das Jäten von Unkraut im Garten, das Nähen von Kleidern usw., kurzum all das, was zur Erhaltung des Lebens notwendig ist.

Diese Art von Tätigkeit sollte auch in den Kindertagesstätten gepflegt werden. Wenn das Personal dort nur dazu da ist, um die Kinder dauernd zu bedienen, gibt es allzu wenig Gelegenheit zum lehrreichen Nachahmen. Man kann ja schließlich nicht die ganze Zeit spielen, daß man jemand ist, der Kinder «betreut»!

Auch zu Hause kann man versuchen, die «langweiligen» Arbeiten zu machen, wenn das Kind schläft oder draußen spielt, und sich mit Kochen, Backen, Putzen und handwerklichen Tätigkeiten beschäftigen, wenn das Kind dabei ist.

Das Kleinkind braucht keine Erklärungen, warum eine Arbeit so oder so ausgeführt wird. Das ist ja ganz klar, daß man das so macht,

findet Peter, wenn er mithelfen darf. Wenn er dagegen nur dabeisteht und zusieht, fragt er ununterbrochen: «Warum machst du das? Warum denn?» – ein feiner Fingerzeig, daß er auch dabeisein möchte.

Wenn Peter außer den Eindrücken, die er im täglichen Leben erhält, noch Abwechslung braucht, können wir eine Feier veranstalten, in den Zirkus oder ins Puppentheater gehen, einen Tierpark besuchen oder sonst etwas arrangieren, was an unserem Wohnort möglich ist.

Aber es ist viel wichtiger für ihn, daß wir ihn wirklich an unserem Leben teilhaben lassen, ihm Gelegenheit geben, uns mit verschiedenen Arbeiten beschäftigt zu sehen, so daß er bei seinen nachahmenden Spielen aus dem vollen schöpfen kann. Durch Nachahmen erwirbt er außerdem Material für seine Zukunftsträume. «Das will ich später auch machen, wenn ich groß bin», denkt Peter.

Ausdrucksvolle Sprache

Peter ist mitten in einer intensiven Entwicklung. Es wird noch lange dauern, bis er ein reifer Mann ist, und wir haben die Aufgabe, ihm den Weg zu zeigen, ihn vor Gefahren zu schützen und ihm über Schwierigkeiten hinwegzuhelfen.

Die kindliche Entwicklung vollzieht sich phasenweise; erst auf dem einen Gebiet, dann auf einem anderen, dann wieder auf dem ersten. Eine Zeitlang beschäftigt sich Peter den ganzen Tag damit, mit den Zehen zu greifen, dann wieder sucht er dauernd Wörter, die sich auf seinen Namen reimen. Ein andermal hat er nichts weiter im Kopf als den Hund des Nachbarn und wie er ihn zum Bellen bringen kann. In der nächsten Phase beschäftigt es ihn, ob Knete wohl schwerer ist, wenn man sie zu langen Schlangen rollt oder wenn man Kugeln daraus dreht.

Die Entwicklungsphasen der Sprache

Auch die Entwicklung der Sprache vollzieht sich in Phasen. Schon das einjährige Kind kann ein Wort benutzen und es dann scheinbar wieder vergessen. Aber eines Tages, vielleicht nach mehreren Monaten, taucht das Wort plötzlich wieder auf, ohne daß es jemand im Beisein des Kindes erwähnt hätte. Die Geläufigkeit des Wortes wird eine Weile geübt, dann tritt eine Ruhepause ein, während der das Neuerworbene sich festigt, obwohl sich das äußerlich nicht zeigt. Danach kann das Wort regelmäßig in Anspruch genommen werden.

Man nimmt an, daß es im Leben des Kindes gewisse Perioden gibt, wo es besonders empfänglich für sprachliche Eindrücke ist und sie sich sehr schnell zu eigen macht. Darauf wendet es sich wieder anderen Dingen zu. Daher ist es so außerordentlich wichtig, daß man der kindlichen Lust zu lernen freien Spielraum läßt und nicht schon das Kleinkind zu einseitigen Übungen irgendwelcher Art zwingt.

Wenn Peter einen wesentlichen Teil der Zeit, in der sich seine sprachliche Entwicklung vollzieht, vor dem Fernseher verbringt, kann man sich denken, daß die Bereicherung seiner sprachlichen Fähigkeiten und das Wachstum seines Sprachverständnisses behindert werden, da er ja beim Fernsehen nicht sprachlich aktiv ist.

Nur dadurch, daß wir unsere Gedanken und Gefühle selbst in Worte kleiden, können wir uns eine nuancenreiche Sprache aneignen.

Macht Fernsehen dumm?

Erfahrungen, die man anhand der Sesamstraße-Programme in den USA machte, welche ja in der Absicht produziert wurden, Slumkindern einen besseren Schulstart zu ermöglichen, zeigten, daß es für die Aufnahmefähigkeit der Kinder von größter Bedeutung ist, ob ein Erwachsener beim Fernsehen anwesend ist.

Die Kinder, die einen Erwachsenen neben sich hatten, der für sie etwas bedeutete und dem sie sich anzuvertrauen wagten, lernten viel mehr als die, die allein fernsehen mußten. Sie beobachteten nämlich beim Fernsehen den Erwachsenen, dessen Reaktionen ihnen halfen, das Geschehen auf dem Bildschirm zu verstehen.

Mary Winn konstatiert in ihrem Buch «Die Droge im Wohnzimmer», daß es in den Slums der USA viele Kinder gibt, die praktisch stumm sind. Dasselbe berichtet Martin Large in seinem Buch «Who's bringing them up?» (Wer zieht sie groß?, Eigenverlag, Gloucester 1980). Der Grund dafür ist natürlich nicht nur beim Fernsehen zu suchen, sondern es sind hier noch viele andere Umstände ausschlaggebend. Man läßt die Kinder vor der Mattscheibe *aufwachsen,* sie verbringen *täglich* oft fünf, sechs oder sieben Stunden in einem dunklen Zimmer vor dem Apparat. Während ihrer übrigen Freizeit essen und schlafen sie, oder sie verbringen diese Freizeit mit Kindern, die eine ebenso dürftige Sprache haben wie sie selbst. Erwachsene sehen sie selten.

Die Annahme, daß ein Kind Gehirnschäden erleidet, wenn es während seiner Wachstumsjahre ein Drittel seiner gesamten wachen Zeit in einem abgedunkelten Zimmer auf eine flimmernde Mattscheibe starrt, ist wohl nicht ganz abwegig. Wir wissen ja, daß das kindliche Gehirn viel formbarer ist als das des Erwachsenen. So kann z. B. ein schwerer Schaden im Sprachzentrum in der linken Gehirnhälfte bei einem Zweijährigen dadurch kompensiert werden, daß andere Zellen die Funktion der geschädigten übernehmen und das Sprachvermögen dadurch gerettet wird. Bei einem Erwachsenen würde der gleiche Schaden einen permanenten Sprachverlust auslösen. Wir wissen auch, daß bei Blinden, die erst als Erwachsene ihr Augenlicht erhielten, das Gehirn so darauf eingestellt ist, alle Eindrücke von der Außenwelt durch Gehör, Gefühl, Gleichgewichtssinn und Geruchssinn einzuholen, daß es ganz unmöglich sein kann, die Gehirnfunktionen so umzustellen, daß das Sehvermögen genutzt werden kann. Sie ziehen es nicht selten vor, die Augen zuzumachen, um besser «sehen» zu können.

Das Gehirn entwickelt sich selbstverständlich nicht unabhängig von den Eindrücken, die wir in uns aufnehmen und von unserer Lebensführung. Ganz im Gegenteil, das Individuum lebt ja in ständigem Wechselspiel mit seiner Umgebung. Wir haben selbst Einfluß auf unsere Umwelt, und wir passen uns der veränderten Umwelt an. Wenn sich unsere Lebensbedingungen ändern, müssen wir unser Verhalten auf diese neuen Umstände einstellen.

Es ist erwiesen, daß der Prozeß der Hirnreifung, der während der gesamten Vorschulzeit fortschreitet, vom Milieu des Heranwachsenden beeinflußt wird.

Eine anregende und dem Spiel förderliche Umgebung bietet also dem Kind optimale Entwicklungsmöglichkeiten, während die Gemütseindrücke beim Stillsitzen vor dem platten Bildschirm auf ein stummes Entgegennehmen von künstlichem Licht und Ton begrenzt bleiben.

Wie wird sich die gewohnheitsmäßige Fernseherei während der

Entwicklungsjahre auf die Dauer auf die Menschheit auswirken? Werden wir in der Zukunft überwiegend räumlich-visuell orientiert sein, und wird unsere Fähigkeit, analysierend-sprachlich zu denken und zu lesen, uns langsam abhanden kommen? Sowohl in den USA als auch in Europa weisen beunruhigte Lehrer darauf hin, daß die heutigen Abiturienten in ihrer Muttersprache schwächere Resultate aufweisen als die, die ohne Fernsehen heranwuchsen.

Vielleicht werden wir eine Kulturelite haben, die sich ihrer Privatbibliotheken bedient, sich unbehindert in Wort und Schrift ausdrückt und damit Zugang zu unserem gesamten Kulturvermächtnis hat. Ob wir wohl auch eine fernsehversklavte Volksmasse haben werden, die total bildabhängig, des Lesens und Schreibens nicht mächtig und leicht zu steuern ist?

Internationale «Kinderkultur»

Wir sind mitten in einer Vereinfachung und Gleichschaltung der Kinderliteratur begriffen. Multinationale Bücherfabriken speien am laufenden Band fade, einfältige Figuren aus, die allen gefallen sollen und die deshalb alle spannenden Merkmale, jeden historischen und nationalen Hintergrund entbehren. Eine Zeitlang war es diese Figur:

Der Schlumpf – plumpe Finger, Riesenfüße, unbedarftes Grinsen, einfältige Sprache. Solche Kinder wünschen wir uns doch wohl nicht?

Die Kinder werden in ein Niemandsland der Comicfiguren und Plastikmonster geschickt. Ein ausgezeichnetes Beispiel dafür, daß ihre sprachliche Phantasie keine Nahrung bekommt, sind die Schlumpfheftchen. Alles ist schlumpfig, die Schlumpfe spielen Schlumpfspiele, stoßen Schlumpfflüche aus, schlumpfen sich durch die Schlumpfologie, schlumpforieren für- und gegeneinander.

Es ist beachtlich, daß die sonst nicht so außerordentlich intelligenten Verfasser dieser Heftchen so viele Wörter mit «schlumpf» im selben Satz häufen können, ohne daß ihnen alles gänzlich durcheinandergerät. Jedoch ist ein Risiko eigentlich kaum vorhanden, denn nur selten findet man in diesen Heftchen und Büchern eine Handlung, die der Rede wert wäre. Der Witz dabei ist ja eben, daß man aufschlägt, wo man will, und anfangen kann zu lesen.

Ebenso ist es mit Sachbüchern für Kinder. Man braucht nur irgendwo aufzuschlagen, und schon fängt etwas den Blick, genau wie beim Fernsehen: man braucht nur anschalten! Das ist Wissen nur um des Wissens willen, Wissen zum Sammeln, zum Besitzen, ungefähr wie Briefmarken: man hat einen ganzen Haufen davon. Wer hat Freude daran? Der Produzent dieses «Wissens» natürlich, aber Peter wohl kaum.

Wenn Eltern sich freuen, daß ihre Kinder im Schulalter so eifrig Bücher lesen, obwohl sie auch recht viel fernsehen, vergessen sie leider oft nachzusehen, was das für Bücher sind.

Ein Buch ohne innere Struktur, ohne Einleitung, Personenbeschreibung, Einführung in die Handlung, Entwicklung der Handlung bis zum Höhepunkt, Einsicht in die Gedanken und Gefühle der Personen bis zum Schluß – ein Buch, in dem statt dessen ein «Superereignis» das andere jagt, ein Buch, das schon von den ersten Seiten an in einem «irren» Stil und rasanten Tempo geschrieben ist und dann bis zur letzten Seite so weitergeht, ein solches Buch kann wohl seinem jungen Leser kaum zu einer besonderen Erweiterung seiner Kenntnisse und Fähigkeiten auf dem sprachlichen oder gedanklichen Gebiet verhelfen.

So funktioniert das! So ist das! So sieht es aus, wenn eine Mondrakete landet, Spülwasser ausläuft, Eltern Kinder machen, Preiselbeeren zu Marmelade werden! Alles wird wie aus der Pistole geschossen erklärt, nichts gibt es mehr, worüber Peter *staunen* kann, wovon er träumen und worüber er phantasieren kann.

Das Sprech- und Denkvermögen

Wenn wir nun unseren kleinen Peter mit dieser sogenannten Kultur überschütten – was erwarten wir uns dann eigentlich dafür von ihm? Glauben wir, daß sein Denkvermögen bereichert wird, wenn er sich Wortfolgen zu Gemüte führt wie: WROMM! SPLATSCH! KRAWAMM! Du entkommst mir nicht! Hier! URGH!

Es ist doch so, daß unser Vermögen, klare Gedanken zu fassen, erst einmal davon abhängt, ob wir uns klar und deutlich in Worten ausdrücken können. Eine stark ausgeprägte Tendenz zu sprachlichen Schablonen und Satzverstümmelung erhöht nicht eben das gedankliche Niveau, denn es wird nichts vom Leser gefordert.

Damit ist nun nicht gesagt, daß es mit jedem Kind, das die dürftige Ausdrucksweise der Heftchen nachahmt, sprachlich rapide bergab geht! Kindern macht es oft großen Spaß, verschiedene Jargons auszuprobieren, und sie tun das mit ausgesprochenem Talent. Davon wollen wir sie nicht abhalten. Aber sie müssen auch Gelegenheit zu anderem haben. Das Risiko, auf dem Niveau der Comics steckenzubleiben, ist natürlich groß, wenn es keinen Erwachsenen gibt, der das Repertoir erweitern und das Kind mit anderen Sprachgewohnheiten vertraut machen kann.

Das Märchen kam aus dem Mund von der Tante!

Als Anna eines Tages hörte, wie eine Dame ein Märchen erzählte und es nicht aus einem Buch vorlas, rannte sie gleich darauf zu ihrer Mama und flüsterte ihr atemlos ins Ohr: «Mama, Mama, das Märchen kam aus dem Mund von der Tante!»

Wir sind also so abhängig von Bild und Buch geworden, daß wir glauben, daß das Märchen im Buch sitzt. Das Buch stellen wir zur Aufbewahrung ins Regal, statt seinen Inhalt unserer Vorstellungswelt einzuverleiben!

Es bereitet Kindern heutzutage Schwierigkeiten, ein Märchen «nur» zu hören. Vor ihrem inneren Auge erscheinen dabei nämlich keine Bilder. Phantasieren ist schwer für sie. Kindergärtnerinnen und Lehrer der Grundstufe, die das Zeitalter vor dem Fernsehen miterlebt haben, können erzählen, daß die Kinder heute eine Menge Fakten über die Verhältnisse auf der Welt wiedergeben können, während sie früher hingebungsvoll und ausdauernd spielen konnten. Sie hatten auch in höherem Grad das Vermögen, handarbeitlich und handwerklich kreativ zu sein. Über ihre nähere Umgebung wußten sie mehr als ihre Altersgenossen heute, aber weniger über hungernde Kinder oder die Bedrohung unseres Lebens durch Atombomben und Krebs.

Wenn unsere Phantasie während der ganzen Kindheit durch Fernsehen gehemmt wird, können wir als Erwachsene kaum bedeutende Forscher werden. Auf jeden Fall werden wir sicher sehr konventionell denken. Die visionäre Kraft wird trotz der visuellen Stimulanz des Fernsehens ausbleiben. Die Bilder anderer sind uns äußerst geläufig, aber unsere eigenen sind uns fremd.

Kann man beim Fernsehen denken?

Ist es überhaupt möglich, beim Fernsehen zu denken? Haben Sie das mal probiert?

Stellen Sie sich z. B. vor, Sie sähen ein Programm, das von einem Fischer an der Küste handelt. Sie sehen das Meer, die Boote, den Fischer selbst, sein Haus, seine Familie usw. Zu den wechselnden Bildern hören Sie eine Stimme ohne dazugehörigen Körper Fakten aufreihen.

Man soll natürlich sowohl die Worte des Sprechers als auch die Bilder in sich aufnehmen. Ist es aber nicht so, daß man sich beim

Zuhören, jedenfalls wenn man wirklich dabei ist, eigene Gedanken über das Gehörte macht? Müssen wir uns nicht eigene innere Bilder machen?

Wo sollen die Fernsehbilder da noch daneben Platz bekommen? Sie stören uns nur, sie unterbrechen uns beim Zuhören, denn wir müssen uns bei jedem Bildwechsel rasch orientieren: «Was ist jetzt los? Aha, wir fliegen im Hubschrauber über die Fischerboote», oder: «Hoppla, sind das alles die Kinder des Fischers?»

Wenn Text und Bild nicht ganz übereinstimmen, lenken uns die Bilder beim Zuhören ab und verdrängen unsere eigenen Vorstellungen.

Was wir direkt erzählt bekommen, merken wir uns am besten, danach das, was wir im Radio gehört haben, und Fernsehberichte zuletzt. Oder etwa nicht?

Stellen Sie beim Fernsehen einmal abwechselnd den Ton und das Bild ab. Wann verstehen Sie besser? Manche Sendungen sollten lieber als Radioprogramm gebracht werden.

Konzentration will geübt sein

Wenn man beim Lernen Erfolg haben will, muß man sich konzentrieren können. Lernt Peter das beim Fernsehen? O ja, sagen Sie vielleicht, er schaut ja so genau zu. Aber was bedeutet eigentlich Konzentration?

Es bedeutet unter anderem, daß wir das Auge auf das richten, was wir beobachten wollen. Wir stellen beide Augen auf denselben Punkt ein; wir fixieren z. B. einen Gegenstand und schließen damit alles aus, was diesen Gegenstand umgibt und uns ablenkt. Das Auge reagiert bereitwillig auf plötzliche Bewegungen. Das ist für uns von großem Nutzen. Manchmal ist es eine Frage von Leben oder Tod, ob man eine Bewegung am Rand des Gesichtsfeldes gleich bemerkt oder nicht.

Die beweglichen Fernsehbilder mit ihren immer etwas unsteten Umrissen ziehen also unser Augenmerk auf sich. Es ist fast keinerlei Willensanstrengung nötig, um den Blick auf den Bildschirm gerichtet zu halten. Das Fernsehzimmer ist in Dunkel getaucht oder jedenfalls so wohlbekannt, daß die periphere Zone des Gesichtsfeldes, von der wir sonst bewußt «absehen» müssen, um nicht abgelenkt zu werden, ganz von selber ausfällt. Wir üben also beim Fernsehen nicht unser Vermögen, den Blick zu konzentrieren.

Wenn Peter fernsieht, braucht er auch nicht aktiv die Umgebung mit den Augen abzusuchen, wobei er ständig die Tiefenschärfe ändern müßte. Diese Mühe nimmt der Film ihm ab. Wenn man nicht vor einem Riesenbildschirm sitzt, reicht es zum Auffassen der Fernsehbilder vollkommen aus, den Blick vage vorwärts zu richten.

Dieses nachlässige Vorsichhinsehen kann ein geschwächtes Konzentrationsvermögen verursachen. Deshalb nimmt Peter dann vorzugsweise die bereits erwähnten «vereinfachten» Bücher zur Hand, über deren Seiten man nur den Blick schweifen läßt. Auch ohne zu lesen, bekommt man so eine gewisse Ahnung vom Inhalt.

Wirkliche Konzentration ist eine Willensäußerung. Sobald die Gedanken beim Lesen abschweifen, verliert der Text seine Bedeutung. Um sich wieder zu sammeln, muß man den Willen dazu haben. Zur Lösung einer selbstgestellten Aufgabe oder zu Schularbeiten braucht man Ausdauer und Geduld. Jedoch fördert Fernsehen nicht solche und ähnliche Eigenschaften, sondern gewöhnt statt dessen seine kleinen Zuschauer an unverzügliche Belohnung in Form von Tempo und ständiger Abwechslung, in Form des Kitzels des Neuen.

Nach der Sendung toben Peter und Anna herum, wenn sie es dürfen, und sorgen so für Perspektivenwechsel im eben erlebten Tempo. Es bereitet ihnen Schwierigkeiten, sich zu beruhigen und zu ihrem normalen Rhythmus zurückzufinden.

Die innere Verarbeitung von Eindrücken

Die Phase *nach* einem Erlebnis ist für Sprache und Denken nicht minder wichtig als das Erlebte als solches. Wir brauchen viel Zeit, um Gesehenes und Gehörtes zu verarbeiten.

Kinder wissen, wie sie sich Erfahrungen am besten zunutze machen: durch freies Spiel. Dadurch festigt das Kind sein Wissen auf allen Gebieten; neue Begriffe werden untersucht und eingeübt.

Anna, die eben ein Bild malt, spricht dabei laut mit sich selbst:

«Und das hier ist die Prinzessin, die hat ein Makrönchen auf.»

Sie probiert beim Aussprechen, wie die Wörter klingen und vielleicht merkt sie, ohne daß jemand sie verbessert, daß es falsch war, denn das nächste Mal sagt sie «Krönchen».

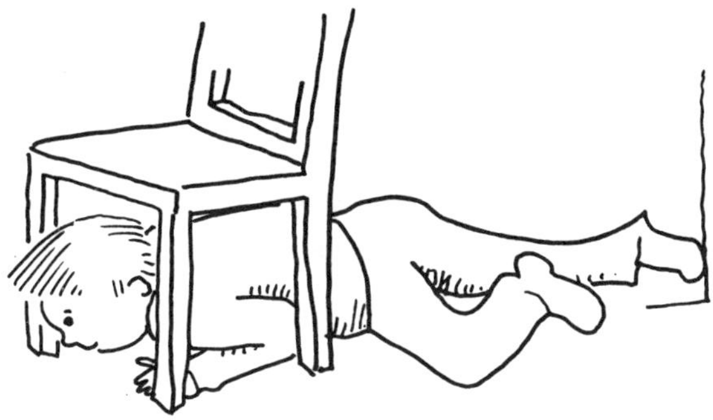

Auch die Körperbeherrschung wird geübt: Peter balanciert, oder er kriecht zwischen den Stuhlbeinen durch, wo es eng ist, um ganz genau auszuprobieren wie dick sein Kopf ist, wie breit seine Schultern, wie lange es dauert, bis auch seine Zehen unter dem Stuhl durch sind.

Peter sagt erst im Flüsterton: «Mama!», dann in normaler Lautstärke, dann ruft er und zum Schluß brüllt er, so laut er kann: «Maaammmaaa!» Wie laut muß man eigentlich rufen, damit sie hört, wenn sie staubsaugt?

Alles das müssen wir aus der Erfahrung lernen, und zwar aus *eigener* Erfahrung. Kein Fernsehprogramm kann Peter beibringen, wie laut er rufen muß oder wie breite Schultern er hat, und dieses Wissen ist ja für ihn von Bedeutung.

All unsere Geschicklichkeit ist nämlich keinesfalls so selbstverständlich, wie es scheint! Beispielsweise ist regelmäßiges Zähneputzen das Resultat jahrelangen fleißigen Übens. Wieviel Lebenserfahrung braucht man, um eine Situation beurteilen zu können oder in einer Wahlsituation zwischen zwei Alternativen zu entscheiden! Können es sich die Kinder eigentlich leisten, ihre kostbare Zeit vor dem Fernseher zu vergeuden?

Heute werden Kinder mit Eindrücken überschüttet, die von kurzer Dauer sind und die sie oft gar nicht unmittelbar angehen. Statt dessen brauchen sie Zeit, um sich in vertrauter Umgebung mit freiem Spiel zu befassen, in das sie Selbsterlebtes hineinverweben und -verarbeiten. Das verleiht ihren Erlebnissen Bedeutung, und wenn sie sie erst einmal richtig eingeordnet haben, können sie leichter damit umgehen und allmählich sogar das Erlebte in Worte kleiden. Denn erst, wenn Peter vom Selbsterlebten ausgehen kann, bekommen seine Geschichten, die er der Puppe oder dem Spielkameraden erzählt, die richtige Würze.

Dadurch, daß uns das Fernsehen zu bloßen Zuschauern macht, wird unsere Ausdrucksweise distanziert. Wir brillieren mit Phrasen, die wir beim Fernsehen aufgeschnappt haben und machen uns über die Ansagerin lustig, denn sie kann sich ja nicht verteidigen. Von den Erwachsenen lernen Kinder rasch, wie man andere verspottet; eine Tatsache, die mancher Lehrer am eigenen Leib verspürt hat.

Die Figuren, die in Märchen und Kinderbüchern vorkommen, stellen sich die Kinder selber vor, während sie die Erzählung hören. Je nach Veranlagung stellen sie sich das Gehörte so oder so vor, wobei sie sich angsteinjagende Stellen gerade so schrecklich ausmalen, wie sie es ertragen können. Die Fernsehfiguren sind schon fix und fertig, sie erobern Peters Phantasie im Sturm und halten sie besetzt.

Aber wenn die vertraute Mama zu Hause plötzlich mit einem Handtuch über dem Kopf erscheint und mit tiefer Stimme «Buuuh!» macht, finden die Kinder das wunderbar, mindestens ebenso lustig wie jedes beliebige Fernsehprogramm! Schon eine so kleine Abweichung vom Alltäglichen wie die Mutter mit Handtuch beflügelt die Phantasie.

Wenn die Eltern reimen und Wortspiele machen, sei es auch nur, daß sie Peter «reteP» nennen und überhaupt alles verkehrt herum sagen, wird Peters Freude an der Sprache geweckt. Für ihn ist die Erzählung eines Menschen aus Fleisch und Blut, mag sie noch so einfach und anspruchslos sein, mehr wert als das aufwendigste Fernsehprogramm. Wenn Mutter eine kleine Geschichte erzählt, was Peters Teddy passierte, als er aus dem Fenster in den Hof gefallen war, zeigt sie, daß sie sich für den Jungen interessiert. Sie hat ja ihren Peter lieb und er sie. Warum spricht man sonst miteinander? Wenn man jemanden gar nicht mag, ist es schwer, sich mit ihm zu unterhalten, jedenfalls wenn man klein ist.

Selbst machen!

«Das will ich selbst machen!» schreit Peter, wenn wir versuchen, ihm die Säge aus der Hand zu nehmen. «Selber!» piepst der kleinste Knirps von zwei Jahren und besteht darauf, die Milch selbst einzuschenken, die Zähne selbst zu putzen und sich bitte *ganz allein,* ohne unsere Hilfe, die Schuhe anzuziehen. Auch wenn sich für den Erwachsenen alles um ein Beträchtliches verzögert wegen des starken Willens, des «Trotzes», der Kinder, ist es doch vom Standpunkt des Kindes aus der beste Weg, etwas zu lernen.

Haben Sie vielleicht in Ihrer Bekanntschaft jemanden, der unausstehlich geschwätzig ist, alles besser weiß und einem keine Chance gibt, auch nur ein Wort zu sagen? Dann wissen Sie, wie es ist, Kind zu sein, wenn jemand im Fernsehen immer Bilder zeigt und noch mehr Bilder und über deinen Kopf hinweg redet und lächelt, obwohl du weinst, und noch mehr Bilder zeigt und an dir vorbeiredet und dich zu fröhlichen Spielen auffordert, die du nicht spielen kannst, weil du ja dasitzt und zuschauen mußt, denn es kommen noch mehr lustige Vorschläge, was für schöne Sachen du machen kannst, wenn du nicht mehr guckst – aber da sollst du schlafen, sagt Mama!

Finger weg!

Die alte Regel, die früher für Kinder galt, daß sie Dinge nur anschauen, aber nicht anfassen durften, ist nun wieder zu Ehren gekommen. Das *sagen* wir zwar nicht direkt, aber wir meinen es doch, wenn wir die Kinder vor den Fernseher setzen.

Zwei Forscher, Helds und Heins, haben ein aufschlußreiches Experiment mit jungen Katzen gemacht. Sie setzten eines der Kätzchen in einen Korb, so daß nur der Kopf herausguckte, und das andere in einen anderen Korb, so daß es auch laufen konnte, wie auf dem Bild.

Die eine Katze zog die andere immer im Kreis herum, wodurch beide völlig gleichartige Eindrücke bekamen. Die einzige Ausnahme war, daß das eine Tier sich selbst vorwärtsbewegen konnte, während das andere als passiver Zuschauer im Karussell saß.

Es stellte sich heraus, daß die passive kleine Katze blind wurde, obwohl ihre Augen in Ordnung gewesen waren. Das Sehvermögen der aktiven Katze entwickelte sich einigermaßen normal. (Nach R. L. Gregory, Eye and Brain.)

Aus diesem Experiment und der Beschreibung des Falles kann man den Schluß ziehen, daß es von größter Bedeutung ist, daß der ganze Körper an unseren Erfahrungen teilhat – d. h., daß wir uns gleichzeitig bewegen *und* sehen müssen, um den Gesichtssinn mit anderen Sinnen koordinieren zu lernen.

In einem Buch über Magersucht von M. S. Palazzoli findet man die Beschreibung von Fällen, wo Kinder von blinden Eltern großgezogen wurden. Anfangs hatten diese Kinder ein normales Sehvermögen. Aber da die Eltern ihrer Blindheit wegen meist bei herabgelassenen Rollos im Halbdunkel lebten, lernten die Kinder es nicht, sich ihrer Augen auf angemessene Weise zu bedienen. Selbst wenn sie in ein erhelltes Zimmer kamen, tasteten sie sich mit den Händen vorwärts wie Blinde.

Funktionell gesehen waren sie also fast blind. Sie konnten Gegenstände nicht identifizieren, ohne sie zu betasten, und untersuchten Speisen mit den Fingern, bevor sie aßen. Bei Carl, der zwei Jahre und acht Monate alt war, als er in den Kindergarten kam und eine Behandlung bekommen konnte, dauerte es acht Monate, bis er nach intensivem Training wieder volles Sehvermögen hatte. Die Therapie lief z. T. darauf hinaus, ihm zu verstehen zu geben, daß die Eltern ihn genauso gern hätten wie zuvor, obwohl er ihnen, was das Sehvermögen betraf, nicht mehr glich.

«Weiterhin muß ein Sinnesorgan mit geeigneter Stimulanz in der richtigen Intensität versehen werden, um seine optimale Funktion zu erreichen. Die verdunkelte Wohnung ermöglichte nicht die angemessene visuelle Stimulanz, wenn auch die Anregung auf anderen Gebieten, wie dem des Gefühls und des Gehörsinnes, adäquat war», so lautet der Kommentar dazu in dem oben erwähnten Buch.

Es ist also nicht so, daß man einfach nur die Augen aufzumachen braucht, um zu sehen, sondern alle unsere Sinne wollen in verschiedenen Situationen geübt sein. Kinder brauchen Vorbilder, die ihnen zeigen, wie man die Sinnesgaben am besten einsetzt. Dazu ist das Fernsehen nicht imstande.

Kinder lernen am besten, wenn sie überall herumklettern und -rennen dürfen, alles von allen Seiten besehen, anfassen, drehen und wenden, heben und loslassen dürfen, ganz einfach «be-greifen», um aufnehmen zu können, was die verschiedenen Sinne registrieren.

Beim Fernsehen hat zweifellos der Kameramann die Aufgabe, die am meisten Spaß macht. Er ist es ja, der alles von verschiedenen Gesichtspunkten registriert, der die Perspektive bestimmt und den Abstand einstellt, während die Kinder wie gelähmt dasitzen.

Peter und Anna sehen ein Kinderprogramm. Im Studio findet ein wunderschöner Kindergeburtstag statt. Fröhliche Kinder tanzen und blasen Trompete.

«Seht doch, welchen Spaß uns das macht!» ruft es aus dem Kasten, der zu ist und in den Peter und Anna nicht hinein können, so gerne sie auch möchten. Statt dessen sitzen sie sehnsüchtig davor.

Das Kind im Vorschulalter ist Egozentriker; das bedeutet, daß es von sich selbst ausgeht, sich selbst als Nabel der Welt versteht. Es bezieht alles auf sich und hat im allgemeinen nicht das Vermögen, sich vorzustellen, wie eine Situation von einem anderen Standpunkt aussieht. Es geht davon aus, daß die anderen seine Gedanken und Absichten kennen, ohne daß es etwas zu sagen braucht. Wenn es auf der Bühne des Lebens in voller Aktion ist, dann fühlt es sich ganz in seinem Element. Das Kind hat auch ein Recht darauf, im Zentrum zu stehen (womit nicht gemeint ist, daß es verwöhnt oder egoistisch werden soll).

Deshalb ist es grausam, das Kind zum Zuschauer zu machen, der außer acht gelassen wird. Es ist ja zum TV-Geburtstag nicht eingeladen.

Kinder brauchen Platz zum Spielen

Kinder brauchen viel «Spielraum», heißt es, und die Kindergärten werden so geplant, daß genügend Platz zur Verfügung steht, um ihr enormes Bewegungsbedürfnis zu befriedigen.

Bevor das Kind die Schulreife erlangt hat, erwartet man bekanntlich nicht von ihm, daß es längere Zeit stillsitzen und zuhören kann, wenn jemand etwas erzählt. Von dieser Regel gibt es eine Ausnahme, nämlich wenn es fernsieht. Da soll es plötzlich imstande sein, Stunde um Stunde stillzusitzen!

Warum springen kleine Kinder ununterbrochen herum? Warum bewegen sie sich dauernd?

Ihr Körper befindet sich im Aufbau, sie sind dabei, ihre Konstitution und deren Möglichkeiten und Begrenzungen kennenzulernen: Sie *wachsen*.

Stellen Sie sich vor, Sie würden jedes Jahr 10 cm größer werden!

Daran muß man sich ja erst gewöhnen. Ununterbrochen ändern sich Umstände und Voraussetzungen. Plötzlich entdeckt man: jetzt kann ich bis an das Waschbecken heranreichen, jetzt bis auf den Eßtisch, auf den Ladentisch hinaufreichen. Es ist jedesmal eine Sensation, plötzlich etwas zu können, was bis dahin unmöglich gewesen war.

Sowohl das Kind selbst als auch der Erwachsene müssen sich ständig den auf Grund neuerworbener Fertigkeiten veränderten Umständen anpassen. Der Erwachsene darf sich eigentlich nie in Sicherheit wiegen, denn sonst wird er leicht von den neuen Kletterkünsten des Kindes oder seiner Gewitztheit, an verbotene Dinge heranzukommen, überrumpelt.

Durch die direkten körperlichen Kontakte mit der Umwelt erwacht das Bewußtsein allmählich, und das Kind findet zu sich selbst.

Die Chancen des Kindes, sich eine zufriedenstellende Körperbeherrschung anzueignen, werden nicht durch langandauerndes Stillsitzen gefördert. Bekanntlich ist das niemandem zuträglich, da die Folgen Stoffwechselbeschwerden, Herzinfarkt u. a. sein können. Das Stillsitzen vor dem Fernseher schränkt das Bewegungsbedürfnis des Kindes auf so unnatürliche Weise ein, daß das Wachstum gehemmt werden kann. Davor warnt ein Hannoveraner Kinderarzt, Kurt Nitsch.

Das Gesündeste wäre, so schlägt Professor Paul Otte von der Orthopädischen Universitätsklinik in Mainz ganz im Ernst vor, eine

Art Wippsessel einzuführen, der beim Fernsehen nach allen Seiten schaukelt. Bis solche TV-Sessel auf den Markt kommen, empfiehlt er dem jungen Fernsehpublikum, mit einem festen Kissen unter dem Brustbein bäuchlings auf dem Fußboden zu liegen; das sei für den Rücken die beste Stellung. (Nach dem Buch «Kinder lernen fernsehen» von H. Mundzek, Reinbek 1973.)

Was geht beim Fernsehen in unserem Bewußtsein vor?

In den 70er Jahren wurden einige Untersuchungen darüber veröffentlicht, was beim Fernsehen in unserem Bewußtsein vor sich geht. (F. + M. Emery, A Choice of Futures, to Enlighten or Inform, Canberra 1975. H. E. Krugman: Brain Wave measures of Media Involvement, Journal of Advert. Research 11, 1971.) Mit Hilfe von am Kopf befestigten Elektroden wurde die Aktivität des Gehirns gemessen.

In beiden Untersuchungen kam man zu dem Ergebnis, daß die Aktivität der Gehirnwellen eines fernsehenden Menschen sich bedeutend von denen desjenigen unterscheidet, der z. B. ein Buch liest. Beim Fernsehen dominieren sogenannte Alpha-Wellen, die gewöhnlich mit Schlaf und Entspannung in Zusammenhang gebracht werden. Beim Lesen dagegen waren Beta-Wellen vorherrschend, die auf aktive und konzentrierte Gehirntätigkeit hindeuten, bei der Eindrücke aufgenommen oder Probleme gelöst werden. Emerys stellten fest, daß sogar dann, wenn Kinder ihre Lieblingsprogramme im Fernsehen sahen, Alpha-Wellen überwogen. Nicht der Inhalt des Programms war also ausschlaggebend, sondern das Medium als solches rief die Alpha-Wellen hervor.

Wenn in diesen Untersuchungen die richtigen Schlüsse gezogen wurden, findet damit der tranceartige Zustand seine Erklärung, in dem sich viele Kinder beim Fernsehen befinden. Es sieht aus, als ob unser Gehirn mit seinen Kräften haushält und seine Energie nicht für etwas verschwendet, was sich für seinen Besitzer als völlig bedeutungslos herausstellt.

Eine meiner Bekannten machte einmal eine kleine Probe aufs Exempel: Sie fuhr mit ihrem Mann im Wagen durch einen Villenvorort, wo sie Bekannte hatten. Durchs Fenster sahen sie ihren Freund beim Fernsehen. Da schalteten sie sich auf die Funkfrequenz des Fernsehtons ein und riefen ihrem auf dem Sofa ausgestreckten Freund eine energische persönliche Mitteilung zu: «Hallo Toni, alter Knabe, versumpf' nicht völlig, denk' ein bißchen selbst und tu' was Vernünftiges!»

Dem Ärmsten blieb fast das Herz stehen. Was man beim Fernsehen am allerwenigsten erwartet, ist nämlich, persönlich angesprochen zu werden!

Fernsehen ist frustrierend

Es ist normal, daß unser Körper auf Impulse von außen reagiert, denn wir stehen mit unserer Umgebung in wechselseitiger Beziehung. Hören wir, daß jemand heiser ist, so kann das den Drang auslösen, uns selbst auch zu räuspern. Sehen wir Roß und Reiter bei einem schweren Sprung zu, spannen auch wir unmerklich ein wenig unsere Muskeln, um «mitzuhelfen». Unser Körper ist ständig zu Reaktionen bereit, und das gilt besonders für Kinder, für die es natürlich ist, vor Freude zu tanzen, sich zu verstecken, wenn sie Angst haben, die Hand auszustrecken und das weiche Fell des Hundchens zu streicheln.

Ein Kind vor dem Fernseher ist in einer äußerst frustrierenden Situation.

Peter sieht das süße Kaninchen; aber man kann es nicht streicheln. Peter sieht die weite Wiese vor sich liegen, die zum Rennen verleitet – aber nein, das geht ja nicht. Er sieht das spiegelblanke Eis der Schlittschuhbahn, das dazu einlädt, daraufhin ausprobiert zu werden, wie glatt es ist. Dauernd wechseln die Impulse: der Drang, aktiv an einem Geschehen teilzunehmen und der Zwang, die Handlung jedesmal im Keim zu ersticken.

Was geschieht mit all der Energie, mit der Peter sich dabei auflädt? In den USA spricht man seit einiger Zeit häufig und mit großer Besorgnis über die neue Kinderkrankheit, die Hyperaktivität genannt wird. Überall in den Schulen der westlichen Welt steigt die Anzahl der Kinder, die nicht stillsitzen, nicht zuhören, keinem Räsonnement folgen, keine Hausaufgaben machen können, die sich nicht daran erinnern können, was sie am Tag zuvor gemacht haben, die nicht abwarten können, sondern die augenblickliche Befriedigung ihrer Bedürfnisse fordern, kurz, aggressive und nervöse Kinder. Sie werden mit wechselndem Erfolg mit Psychopharmaka, Diät, Therapie und Fernsehentzug behandelt.

Kann die Ursache der Hyperaktivität im häufigen Fernsehkonsum dieser Kinder zu suchen sein? Es entsteht offenbar bei ihnen eine Art seelischer Überdruck, weil ihnen die Mattscheibe ständig im Weg ist, wenn sie am Geschehen teilnehmen wollen.

Vielleicht nimmt es dann auch nicht wunder, daß verhältnismäßig kleine Kinder sich schon destruktiven Spielen widmen, daß Teenager von Zerstörungswut befallen werden und schwere Verbrechen begehen. Das ist für sie der letzte Ausweg. Schließlich muß ja die Umgebung einmal reagieren, denken sie und greifen zu immer stärkeren Mitteln, damit wir sie endlich beachten. «Wir existieren», wollen sie mit ihrem destruktiven Tun sagen.

Wenn davon die Rede ist, daß die Videogewalt schädliche Wirkungen auf jugendliche Zuschauer ausübt, hat das wohl seine Richtigkeit. Es ist dagegen nicht ohne weiteres ersichtlich, daß selbst das reizendste und harmloseste Programm beim Zuschauer Aggressionen auslösen kann, eben weil die Passivierung das Kind unzufrieden macht. Es will nämlich in sein *eigenes* Leben hineinwachsen; es will selbst gestalten.

Selbst gestalten

Peters Bewegungsbedürfnis will in schöpferische Bahnen gelenkt sein. Bei einem lustigen und lehrreichen Experiment kam folgendes zutage: Ein paar Schulkinder durften drei Wochen lang jeden Tag zwischen zwei Räumen als Spielzimmer wählen. Das eine war reichlich mit mechanischem Spielzeug versehen, in dem anderen stand Material verschiedenster Art zur Verwendung bereit. Wohin zog es wohl die Kinder?

Am ersten Tag wollten alle in dem Zimmer mit den mechanischen Spielsachen sein. Alles wurde sehr geräuschvoll ausprobiert. Aber die weiteren Tage verbrachten die Kinder in dem anderen Zimmer, wo sie mit großem Vergnügen sägten, kneteten und malten. Mechanische Spielzeuge haben eine unbestreitbare Anziehungskraft, bis sie zu Ende untersucht sind und die Kinder die Funktionsweise durchschaut haben – oder bis sie kaputt sind. Aber dann wird es den Kindern langweilig, und sie suchen nach Spielraum für ihre Phantasie.

Fernsehen und in gewissem Sinne auch Video sind jedoch deshalb einzigartig und verlockend, weil sie die Finesse haben, daß sich ihr Repertoir ständig erneuert.

Auch die Kinder, die sich bis jetzt noch aus dem Bannkreis des Unterhaltungsfernsehens retten konnten, haben nunmehr die Möglichkeit, stundenlang vor dem Monitor zu sitzen, seit die «tollen» Heimcomputer auf dem Markt sind. Hier hat man die Möglichkeit, seine eigenen Spiele zu programmieren, Musik zu «komponieren», zu zeichnen und zu malen, Verzeichnisse über seine Habseligkeiten, Adressenregister etc. zusammenzustellen.

Freizeit wird im Fernsehzeitalter immer seltener

Peter lungerte in der Wohnung herum und ist scheinbar sinnlosen Beschäftigungen hingegeben. Hier stößt er ein paarmal mit dem Fuß gegen die Möbel, dort fingert er am Adreßbuch, blättert in einem Block, dort macht er die Schranktüren auf und zu. Das geht seiner Mutter schließlich auf die Nerven. Sie seufzt:

«Aber kannst du dich nicht endlich mit etwas Vernünftigem beschäftigen, Peter?»

Er sieht sie erstaunt an. Er hat ja vollauf damit zu tun, sein Zuhause, seine Mutter, sich selbst, die Zeit, den Tag und das Leben überhaupt zu erleben. Wenn er nun am Tisch säße und einen Untersetzer aus Plastikperlen basteln oder ein Puzzle aus 1000 Teilen legen würde, wäre die Mutter vermutlich zufrieden. Das ergäbe nämlich ein sichtbares Resultat und außerdem säße Peter still.

Viele kleine Annas und Peters haben heute noch zusätzlich zu Kindergarten oder Schule einen gespickten Stundenplan mit allen möglichen Unterrichtsstunden. Die eine Beschäftigung löst die andere ab: Klavier, Schwimmen, Pfadfinderverein, Ballett, Weben usw. Das letzte Restchen Freizeit, das den Kindern noch bleibt, wird vom Fernsehen und anderen technischen Unterhaltungsmedien beansprucht.

Es ist jedoch für den Menschen von großem Wert, regelmäßig mit sich selbst allein zu sein, selbst über seine Zeit zu bestimmen und einmal richtig herauszufühlen: Was will ich jetzt am allerliebsten machen? Vielleicht nur dasitzen mit offenen Sinnen für alles, was da kommen mag?

Peter läuft vielleicht deshalb umher, ohne etwas Nützliches zu tun, weil er gerade eine neue Entwicklungsstufe erreicht hat. Er geht suchend umher, um sich Klarheit über eine vage Idee zu verschaffen, die ihn innerlich beschäftigt. Und plötzlich findet er etwas, das sein Interesse weckt: einen von Vaters Schuhen mit einem altmodischen Schuhspanner drin. Das wird ein Spezialschiff.

Am Wochenende zuvor war Peter mit dem Schiff gefahren und hatte viel Neues dabei gelernt. Jetzt wiederholt er dieses Erlebnis im Spiel und murmelt dabei vor sich hin. Wörter wie Bug und Heck, Takelage, Ankerkette und Tau kommen ihm plötzlich wieder in den Sinn. Jetzt spricht er die Wörter wiederholt aus und erwägt ihren genauen Sinn. Niemand hört ihn, niemand korrigiert ihn. Nur er selbst lauscht ihrem Klang und fühlt oft intuitiv, wenn es falsch klingt. Das ist also das Ergebnis des «unnützen» Herumlaufens! Wenn Peter während dieser Zeit Stunden gehabt oder ferngesehen hätte, wäre es ihm höchstwahrscheinlich nicht möglich gewesen, sich in der Schiffahrtsterminologie zu üben. Er hätte das Selbsterlebte nicht auffrischen können und das beim Ausflug Erlebte wäre von

einer Schicht neuer Eindrücke überlagert und ausgewischt worden. TV-Bilder können nicht so wertvolle Erfahrungen vermitteln wie unmittelbare Erlebnisse, denn Peter ist ja keineswegs am Geschehen beteiligt, wenn er fernsieht.

Mit der Bemerkung vorhin meine ich natürlich nicht, daß Kinder niemals Stunden nehmen sollten – im Gegenteil: es kann Ihnen z. B. sehr guttun, ein Musikinstrument zu lernen –, sondern ich möchte lediglich darauf hinweisen, daß sie auch ihre Freiheit brauchen. Wir müssen lernen, ihr zielloses Umherstreifen als etwas Wertvolles zu betrachten. Peters und Annas Kreativität entwickelt sich nämlich während ihrer freien Zeit, wo sie keiner vorausbestimmten Tätigkeit nachgehen und nicht fernsehen.

Die Übung der Sinne

Nach der Zeichnung eines fünfjährigen Jungen.

Das kleine Kind hat einen überwältigenden Lebensappetit. Es streckt die Arme aus und öffnet sich allem, was da kommt. Sein Zutrauen zu den Erwachsenen macht ihm Mut, sich Neuem zu nähern und es in sich aufzunehmen.

Schon das Baby hat eine unerhörte Wahrnehmungsfähigkeit, die wir oft unterschätzen. Ein Baby von zwei Tagen kann beobachten, wie die Mutter die Lippen bewegt, und das nachahmen. Es hat Angst vor grellem Licht und bösen Stimmen. Es hört mit dem ganzen Körper und reagiert mit heftigen Bewegungen, als wollte es Schutz suchen und sich festklammern. Angenehmer Duft, guter Geschmack und gleichmäßige Wärme am ganzen Körper haben eine beruhigende Wirkung. Wenn es dem Baby wohl ist, streckt es sich und entspannt sich. Das Kleinkind ist sozusagen ganz und gar Sinnesorgan. Aus diesen undifferenzierten Wahrnehmungen entwickeln sich dann langsam die verschiedenen Sinne. Während unserer Jugendzeit lernen wir nach und nach, damit äußere Eindrücke in uns aufzunehmen und umzusetzen.

Ein zweijähriges Kind kann noch nicht balancieren und auf einem Bein hüpfen, aber mit vier Jahren hat es das gelernt. Wie oft ist es jedoch beim Üben hingefallen: Die Ausdauer, mit der Kleinkinder immer wieder aufstehen und neue Versuche machen, ist eigentlich erstaunlich. Wer einmal einen Tag lang versucht hat, alle Bewegungen eines kleinen Kindes mitzumachen, wird feststellen, daß er abends total erschöpft ist!

Wir werden von unseren Sinnesempfindungen geformt

Wenn das Kind lernt, sich aufzurichten, zu gehen und zu stehen, sind es nicht nur innere Willenskräfte, die den Antrieb dazu geben, sondern auch die Wahrnehmung gehender und stehender Menschen in seiner Umgebung.

Auch die Signale unseres eigenen Körpers lernen wir erst langsam zu deuten. Anfangs weiß das Kind nicht, wann es aufs Töpfchen muß, daß es Hunger hat oder müde ist. Es fühlt sich nur allgemein unwohl, und es kommt dem Betreuer zu, die Ursache zu ergründen.

Doch das Zweijährige beginnt, den Zusammenhang zwischen dem Drang der vollen Blase und dem plötzlichen erleichternden Wasserlassen zu erkennen, und kann Bescheid sagen: «Pipi machen!» Es kann auch den Teller von sich schieben und erklären: «Fertig!», wenn es satt ist. Aber es dauert noch eine Reihe von Jahren, bis es so weit ist, daß es seinen Appetit abschätzen und sich die angemessene Menge auf seinen Teller legen kann.

Das Kind hat einen weiten Weg vor sich, bis es gelernt hat, alle Signale aufzunehmen und zu deuten, die ihm Augen, Ohren, Nase, Mund und Haut vermitteln. Auch wie man sich mit der Kleidung der Temperatur anpaßt, weiß es noch nicht. Selbst verhältnismäßig großen Kindern muß man noch sagen, daß sie ihren Pullover ausziehen sollen, wenn sie erhitzt sind.

Das Kleinkind hört ständig Geräusche, ohne etwas über deren Ursprung oder Bedeutung zu ahnen, und muß sie hinnehmen, egal ob es sich dabei um ein sanftes Lied oder um dröhnendes Getöse handelt. Seine einzige Verteidigung dagegen ist der Schlaf.

In der Begegnung mit anderen Menschen liegt der Keim zur

Empfindungsfähigkeit, die sich ständig weiter entfaltet, so daß das Kind nach und nach die Bedeutung von Wörtern versteht und Gedanken verfolgen kann. Das Wesen des Erwachsenen spricht zum Kind und lockt sein schlummerndes Ich hervor. Den Gedanken und Worten seiner Mitmenschen folgen zu können, fordert ein wohlentwickeltes und feines Auffassungsvermögen.

Mir scheint, wir vergessen oft, daß wir, rein menschlich gesehen, mit aufnahmefähigen Sinnen und aufnahmefähigem Geist das beste Rüstzeug haben. Wenn wir Tiere wären, könnten wir darauf verzichten, allseitige Körperbeherrschung anzustreben, und uns damit begnügen, uns statt dessen zu Spezialisten, beispielsweise im Fliegen, Nagen, Graben mit den Pfoten oder im Beschnüffeln von Spuren auszubilden. Doch der Mensch hat eine phantastisch vielseitige Veranlagung. Mit Hilfe des Gedankens und der Phantasie können wir unser Verhalten ins Unendliche variieren, und wir haben die Gabe, schöpferisch-künstlerisch tätig sein zu können.

Um all diesen Reichtum an Anlagen zu erschließen, müssen wir darum bemüht sein, das kleine Kind nicht zu begrenzen und es nicht zu einseitigem Üben nur *eines* Sinnes oder weniger Sinne anzuregen. Mit anderen Worten: vor dem Alter von ca. zehn Jahren sollte es nicht mit einem intensiven speziellen Training anfangen.

Es ist unsere Pflicht, das Kind im Vorschulalter vor schädlichen Einflüssen zu bewahren und ihm viel Anregung zuteil werden zu lassen, so daß es einen gesunden Körper entwickeln kann. Ein solcher Körper wird zu einem wohlgestimmten Instrument, auf dem es dann in der Schule gut spielen kann. Wir müssen auch die Phantasie des Schulkindes nähren und ihm Bilder auf den Lebensweg mitgeben, die es sich beim Hören von Märchen und Sagen zu eigen macht, so daß sich auch seine seelische Entwicklung vielseitig, reich und harmonisch gestaltet.

Man darf nicht vergessen, daß das Kind von den Menschen, die es täglich umgeben, seine wichtigsten Eindrücke mit Hilfe der Sinne entgegennimmt.

Wenn der Fernseher als *Ersatz* für wirkliche Menschen oder Sinnesempfindungen im Leben der Kinder dient, bedeutet das, daß die Sinne bald an Unterernährung leiden.

Aber den Gesichtssinn und das Gehör üben wir doch wohl jedenfalls vor dem Bildschirm?

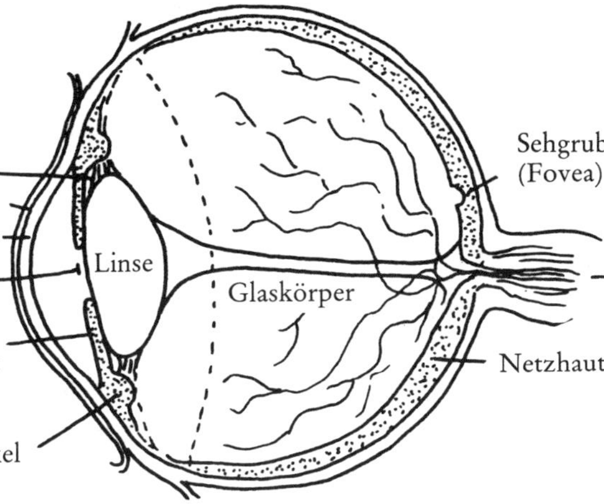

Ja, selbstverständlich bringt uns der Fernseher Eindrücke! Aber sie sind leider nicht besonders gehaltvoll. Das Fernsehbild ist zweidimensional; ihm fehlt die Tiefe im Gegensatz zum Spiegelbild, um nur ein Beispiel zu nennen.

Das Auge übt beim Fernsehen nicht, durch Anpassung an die Entfernung die Sehschärfe der Augenlinse einzustellen, es «akkomodiert» nicht. Sowohl der Vordergrund als auch der Hintergrund des Fernsehbildes haben ständig denselben Abstand von unserem Auge, jedenfalls wenn wir stillsitzen. Je näher wir am Apparat sitzen, desto mehr müssen wir die kleinen Müskelchen spannen, die die Einstellung der Augenlinse regulieren. Wenn wir stillsitzen und den Blick nicht vom Bildschirm wenden, zwingen wir die Augenmuskeln, die ganze Zeit krampfhaft dieselbe Spannung zu halten. Überanstrengen wir sie dabei nicht?

Da nun die Fähigkeit, Abstände beurteilen zu können, geübt werden muß, liegt es klar auf der Hand, daß Fernsehen bei Kindern diese Fertigkeit nicht fördert, sondern eher hemmt. Sowohl der Gesichts- als auch der Gehörsinn werden mit unvollständigen Eindrücken abgespeist. Außerdem umfaßt das Fernsehlicht nicht das ganze normale Lichtspektrum. Die Farben stimmen nicht mit denen der Wirklichkeit überein und dem Fernsehton fehlen viele Frequenzen. Auch unser Beobachtungsvermögen, das uns hilft, feine Unterschiede im Ausdruck bei unseren Mitmenschen wahrzunehmen, wird geschwächt, wenn wir oft und viel fernsehen.

Was geschieht, wenn uns unsere Auffassungsgabe für Nuancen verlorengeht? Liegt nicht der Gedanke nahe, daß wir in der Entwicklung stehenbleiben und einseitig werden, taub für die feinsten Klangschattierungen, blind für die Nuancen eines Farbtons, ja, daß wir auch seelisch und geistig abstumpfen?

Die Koordination der Sinne will geübt sein

Peter spielt draußen. Er saust, so schnell er kann, zusammen mit Karl, der noch schneller rennt, über einen mit Kies bestreuten Platz. Bald werden sich ihre Wege kreuzen. Die Jungen müssen nun all ihre Erfahrung, eigene und die von anderen, über Schnellauf in verschiedenem Tempo zu Rate ziehen, um beurteilen zu können, ob sie miteinander zusammenstoßen oder nicht!

Während Peter dahersaust, wird er durch die Wahrnehmung der Muskelkontraktionen in seinem Körper darüber informiert, mit welcher Geschwindigkeit er sich nach einer persönlichen Skala bewegt. Peter sieht Karl ja vor einem Hintergrund von Häusern und Bäumen. Karls Größe im Verhältnis zu den ihn umgebenden Dingen gibt an, in welcher Entfernung von Peter und vom Rand des Platzes sich Karl jetzt befindet. Die Lage ist in ständiger Veränderung begriffen, also muß Peter dauernd die Situation neu beurteilen. Karl kann ja plötzlich an Geschwindigkeit verlieren! Wenn Peter seine Beobachtungen macht, orientiert ihn teils der Unterschied zwischen den Bildern seiner beiden Augen, teils die Spannung der kleinen Muskeln, die die Schärfe der Linse an die Entfernung anpassen. Außerdem geben noch all die kleinen Zapfen und Stäbchen auf der Netzhaut darüber Bescheid, wie groß der Teil des Gesichtsfeldes ist, den Karl in Anspruch nimmt.

Peter befindet sich in einer gelinde gesagt, komplexen Situation. Das kann jeder bezeugen, dem es schon passiert ist, auf einer sonst menschenleeren Straße mit einem Entgegenkommenden zu kollidieren. Man ist so auf ihn fixiert, daß man in seinen verzweifelten Versuchen, den Zusammenstoß zu vermeiden, schließlich auf ihn prallt. Es handelt sich dabei also nicht um einen einfachen Vorgang, denn nicht einmal Erwachsene beherrschen ihn immer.

Daß Peter ständig üben muß, um Verkehrssituationen richtig beurteilen zu können, ist bekannt. Erst im Alter von vierzehn Jahren ist er so weit, daß er an einer gefährlichen Straßenkreuzung die Situation richtig einschätzen kann; das hat die schwedische Straßenverkehrsforschung bewiesen. Also sollte er nicht vor diesem Alter ohne Begleitung im Stadtverkehr radfahren.

Kinder im Vorschulalter können noch nicht mehrere verschiedene Sinneswahrnehmungen koordinieren. Sie schauen zuerst brav nach links und sehen eine Straße mit Autos, dann schauen sie nach rechts und sehen eine *andere* Straße mit Autos! Es ist für Peter noch zu schwierig, diese beiden Bilder zum Bild *einer* Straße zusammenzufügen. Er ist verwirrt und will sich so schnell wie möglich aus dieser prekären Lage retten. Das sicherste Mittel, das er kennt, ist, Fersengeld zu geben. Je schneller man davonläuft, desto schneller hat man die Gefahr überwunden, denkt Peter und stürzt sich Hals über Kopf in den Verkehr.

Kinder brauchen Zeit, zu verarbeiten, was ihre Sinne registrieren; die Erfahrung muß reifen. Kein Verkehrsunterricht, kein Fernsehprogramm kann ihnen das beibringen, und wären sie noch so gut.

Im Fernsehen entspricht oft das Verhältnis zwischen Bild und Ton nicht der Wirklichkeit. Eine Person, die sich zweifellos außer Hörweite befindet, kann man immer noch sprechen hören. Manchmal wird auch das Bild von einem Ton begleitet, der nicht authentisch ist.

Um das Fiktive vom Authentischen unterscheiden zu können, benötigt man eine gewisse Reife und Erfahrung, die das Kind im Vorschulalter oft noch nicht hat. Jahrelange praktische Lebenserfahrung ist Voraussetzung für das Verstehen von Filmen.

Perspektive und Bildgröße

Ist es wirklich so selbstverständlich, daß jemand, der sich vom Betrachter entfernt, immer kleiner wird? Für Peter ist das, was auf einem Bild groß ist, auch wichtig, während das, was klein gerät, weniger wesentlich ist. Das zeigen uns seine Zeichnungen.

Als seine kleine Schwester gerade geboren war, zeichnete er sie riesig groß, denn sie beschäftigte ihn ja ständig. Als sie anfing zu kriechen und anstrengend wurde, geriet sie gleich auf seinen Bildern viel kleiner. Konnte man sie vielleicht ein paar Tage an jemand verleihen?

Als Peter vier Jahre alt war, geschah es einmal, daß er im Kindergarten seinen eigenen Vater im Fernsehen sah. Er brüllte entsetzlich und suchte bei seinem Fräulein Schutz, untröstlich darüber, daß Papa so klein geworden war! Er war kaum zu beruhigen.

«Aber Peter, dein Papa ist doch in Wirklichkeit groß! Er kommt ja bald und holt dich!»

Nichts konnte jedoch Peter über den Schock hinweghelfen, den er bekommen hatte. Nicht einmal, als Papa in eigener Person erschien, war sein Sohn zufrieden, denn er faßte den kleinen Papa aus dem Fernsehen noch immer als eine Bedrohung des richtigen, großen Papas auf.

Wenn Peter z. B. einen Film sieht, der von einem Mädchen handelt, kann er dem Geschehen einigermaßen folgen, solange Perspektive und Abstand gleichbleiben. Aber plötzlich sieht man das Mädchen aus größerer Entfernung, was Peter zu der Frage veranlaßt: «Na, hat sie jetzt was Dummes gemacht, oder warum ist sie plötzlich so klein geworden?»

Ein andermal glaubt er, es handelt sich um ein ganz anderes und sehr kleines Mädchen. Da aber die Einstellung der Kamera dauernd wechselt, hat Peter keine Zeit zu fragen, und wenn er außerdem das Kinderprogramm allein sieht, hat er auch niemand, der ihn über das Mißverständnis aufklären kann. Bald darauf geht er zu Bett, und diese unklaren und unverarbeiteten Bilder verursachen nicht selten Alpträume.

Nach Untersuchungen von Firnkes (1972) und Friedlander (1974) verstehen Kinder, die noch nicht in die Schule gehen, weniger als die Hälfte der Programme, die für ihr Alter gedacht sind.

Wieviel Reize können wir eigentlich vertragen?

Anregung oder Stimulanz sind Wörter mit positivem Klang. «Je mehr Anregung Kinder bekommen, desto klüger werden sie», kann man manchmal sagen hören.

Wer sich überfressen hat, kann sich übergeben und das Zuviel auf diesem Weg wieder loswerden. Das trifft jedoch nicht für den Konsum von Sinnesreizen zu. Davon können wir bedauerlicherweise viel mehr schlucken, als wir verdauen können.

Fernsehen überfordert Kinder unter sechs bis sieben Jahren, meint Elisabeth Lang; und ständige Überforderung stört das Kind in seiner Entwicklung und zeigt sich äußerlich durch Konzentrationsschwierigkeiten, Aggressivität und Rastlosigkeit, während innerlich Angstzustände und Unsicherheit die Folge sind.

Peter, der den größten Teil des Tages im Kindergarten ist, bringt mit Sicherheit eine Unmenge Eindrücke mit nach Hause. Außerdem hat er vieles auf dem Heimweg und im Geschäft beim Einkaufen erlebt, was er alles verarbeiten muß. Warum eigentlich glauben wir, daß er am Spätnachmittag *obendrein* noch Anregungen braucht? Statt fernzusehen braucht Peter, wenn er nach Hause kommt, das Beisammensein mit seiner Familie. Irgendwann muß er ja Gelegenheit haben, diejenigen kennenzulernen, die ihn am nächsten stehen, und natürlich auch sich selbst!

Auch bei Erwachsenen kann Reizüberflutung zu Passivität führen. Wir können einfach nicht unbegrenzte Mengen Eindrücke entgegennehmen; genausowenig wie wir gleichzeitig mit einer großen Anzahl innerer Prozesse beschäftigt sein können. Deshalb ist die Mattscheibe mit ihrer Flut von Bildern oft nur eine Kulisse, die vorbeizieht, ohne daß wir ihr unsere volle Aufmerksamkeit zuwenden.

Je weniger wir unsere Sinne in Anspruch nehmen, desto mehr verarmen wir. Unsere innere Arbeitsstätte zerfällt, unsere Instrumente rosten. Wir überlassen es anderen, aktiv zu sein. Wir verzichten auf Erfahrungen aus erster Hand, und noch dazu freiwillig!

Peter will selbst erleben, statt fernzusehen!

Eines Tages stellen Peters Eltern fest, daß es einfach so nicht weitergeht. Das Leben der Familie darf nicht mehr wie bisher vom Fernseher dominiert werden, so daß man kaum Zeit findet, miteinander umzugehen.

«Wir machen ein Experiment!» ruft die mutige Mutter aus. «Wir lassen den Fernseher ein paar Wochen lang verschwinden. Was sagst du dazu?»

Vaters Gesicht verdunkelt sich. «Zwei Wochen lang keine Sportreportagen? Nicht mal Nachrichten?»

«Ach, ein paar Wochen wirst du das schon aushalten! Wir werden uns gut amüsieren, Freunde einladen und uns sonst noch alles mögliche einfallen lassen!»

Papa seufzt: «Du entwickelst aber eine Energie!»

«Also gut, der Vorschlag ist angenommen», sagt Mama. «Es handelt sich ja nur um zwei Wochen, dann holen wir den Fernseher wieder heraus und versuchen, nur das Notwendigste zu sehen.»

«Na, meinetwegen, aber nur um der Kinder willen», brummelt Papa.

Und vielleicht auch ein ganz kleines bißchen meinetwegen, denkt Mama und lächelt verschmitzt.

Mit vereinten Kräften lassen sie den Fernsehapparat in einem Schrank verschwinden.

«So was Verrücktes», sagt Papa zweifelnd, «wie sollen wir das den Kindern erklären?»

«Wir sagen einfach, er ist kaputt», schlägt Mama unbekümmert vor.

«Wollen wir sie nun auch noch beschwindeln?» Papa sieht aus, als wolle er das Projekt aufgeben.

«Wenn jemand sie beschwindelt, ist es wohl eher das TV», bemerkt Mama und fühlt bei dem Gedanken Ärger in sich hochsteigen. «Komm nur, es wird schon klappen. Ich kann ja mit den Kindern verhandeln. Und ich werde nichts als die lautere Wahrheit sagen: nämlich, daß sie wegen dieses blöden Apparats nie mit ihrem Vater spielen können und daß wir deshalb den Fernseher wegstellen.»

Papa hat bereits das Zimmer verlassen. . .

Die Kinder entdecken, daß der Fernseher verschwunden ist

Am nächsten Tag entdeckt Peter, daß der Fernseher nicht auf seinem Platz steht. Er kommt angerannt und fragt die Mutter: «Wo ist der Fernseher?» – «Den haben wir für eine Weile beiseite gestellt», antwortet sie. «Ist er denn kaputt?» – «Nein, aber wir finden, daß wir nicht so viel fernzusehen brauchen.» – «Na ja, aber das Kinderprogramm dürfen wir doch sehen?» – «Nein, jetzt nicht. Wir haben soviel anderes zu tun!» – «Aha!»

Das ging ja leichter als ich dachte, denkt Mama.

Erst am Samstag, als Peter mit Karlchen draußen spielt, taucht die erste Schwierigkeit auf. Karl wird zum Fernsehen hereingerufen und Peter steht allein da. Er besinnt sich, versucht kurz, das Hüpfelchen herauszulocken, kickt einen Stein als Fußball vor sich her und rennt nach Hause.

«Mama, Mama! *Alle* anderen Kinder dürfen fernsehen, nur ich nicht!» schreit er schon, ehe er die Tür hinter sich geschlossen hat. «Ich will *auch* gucken!»

«Komm mal her und sieh, was ich mache», antwortet Mama, und es gelingt ihr, ihn fürs Kochen zu interessieren.

Aber sie macht sich dabei Gedanken. Sie kann doch nicht jedesmal etwas für Peter parat haben, wenn seine Kameraden zum Fernsehen hereingerufen werden! Über kurz oder lang wird er wohl mit den anderen heimgehen und dort fernsehen!

Jetzt am Anfang müssen wir uns was einfallen lassen, was Spaß macht. Wir müssen eine Wundertüte mit Überraschungen darin parat haben. Die Schachtel mit Peters altem Spielzeug können wir wieder hervorsuchen, ein paar hübsche Steine. . . und er kann ja Karl auch mit nach Hause bringen. Sie können blauen Ton zum Kneten bekommen, oder wir machen eine Rutschbahn aus der alten Tischplatte. Man muß es sich langsam zur Gewohnheit machen, nachmittags zu spielen, statt fernzusehen.

Eines Tages trifft Peters Mutter die Mutter von Karl, als sie zusammen an der Kasse im Geschäft Schlange stehen.

«Hätten Sie nicht Lust, morgen abend mit den Kindern zum Abendbrot herüberzukommen?» fragt Peters Mama.

Und so kommt am nächsten Abend Karls Familie zu Besuch und entdeckt sofort, daß kein Fernseher im Hause ist!

«Habt ihr keinen Fernseher?» fragen sie erstaunt.

«Doch, natürlich, aber wir haben ihn für eine Weile weggestellt», antworten Peters Eltern, «wir haben nämlich viel zuviel ferngesehen und wollten einmal ausprobieren, wie es ganz ohne geht!» Und sie wagen tatsächlich, die Behauptung aufzustellen, daß es ja außerdem nicht so gut für Kinder ist, fernzusehen. «Wie bitte?» Karls Eltern sehen äußerst mißtrauisch aus.

«Wieso denn das?»

Damit ist das Gesprächsthema für den Abend gesichert!

Der Fernseher wird wieder herausgeholt

Nach ein paar Wochen finden Peters Eltern, daß es soweit ist, den Apparat wieder herauszuholen. Sie stellen ihn in eine Ecke, wo er nicht so auffällt.

An manchen Abenden wird vorher bestimmt, wer von den Eltern fernsieht und wer für die Kinder zuständig ist. Dessen Aufgabe ist es, einzuspringen, wenn ein Kind aufwacht und getröstet werden muß. Er geht dann zum Bettchen des Kindes, denn es ist ja nicht besonders beruhigend für den Sprößling, wenn er, von einem Alptraum erwacht, direkt in einen Krimi hineinplatzt!

Ist nur einer von den Eltern zu Hause, stellt er den Fernseher ab, wenn eines der Kinder aufwacht. Es ist leichter zu trösten, wenn man es mit ungeteilter Aufmerksamkeit tut – besser als dabei auch noch zu versuchen zuzuhören, wie der Film weitergeht, und sich dabei zu ärgern, daß man nicht alles mitbekommt!

Völlig ausgeschlossen ist es, von einem Kind im Vorschulalter zu erwarten, daß es allein in einem anderen Zimmer sitzt, während die Eltern fernsehen.

Es ist ja ein Problem, daß so viele interessante Programme gerade zu der Zeit gesendet werden, wo in den meisten Familien zu Abend gegessen wird und die Kinder ins Bett kommen. Aber hier könnte man ja wirklich den Videorecorder in Funktion treten lassen.

Dem sportnärrischen Papa tut das natürlich in der Seele weh, wenn da gerade ein Fußball- oder Eishockeyspiel gesendet wird und er kann es nicht «live» sehen, aber das muß er verkraften. . .

Ab und zu quengelt Peter:

«Karl darf ja fernsehen, warum denn ich nicht?»

«Wir machen das eben anders. Bei uns kommt nicht das gleiche Essen auf den Tisch wie bei Karl zu Hause. Wir haben eine Spülmaschine, das haben sie nicht. Das ist bei allen Familien verschieden.»

«Aber wann darf ich wieder fernsehen?»

«Wenn du ein ganzes Stück größer geworden bist.»

Komischerweise stellt Peter nicht das ganze Haus auf den Kopf und schreit wie besessen, wie seine Mutter befürchtet hatte. Nein, er sieht durchaus vernünftig aus, ja, beinahe zufrieden! Er merkt, daß Mama von dem überzeugt ist, was sie sagt, daß sie sein Bestes will, und akzeptiert es deshalb.

Aber es dauert eine Zeit, bis er sich an die neuen Zustände gewöhnt. Wenn Peters Freunde sich nachträglich über Fernsehsendungen unterhalten, soll er nicht stumm dabeistehen müssen. Deshalb informieren sich seine Eltern darüber, was für Kinderprogramme gesendet werden und leihen für ihn, wenn möglich, Bücher über die aktuellen Fernsehfiguren aus. Manchmal reicht es schon, einen Reim über die Muppets zu machen, die plappern und wabbern, wenn bei den Jungen die Rede von den Muppets ist.

Bei einem Elternabend im Kindergarten sagt Peters Vater: «Wenn ich meine Kinder fernsehen ließe, nur um zu vermeiden, daß sie von ihren Kameraden gefoppt werden, dürfte ich sie auch keine Brille tragen lassen, obwohl sie sehr kurzsichtig sind. Sie könnten ja geneckt und Brillenschlange genannt werden! Da ich aber weiß, daß sie sie brauchen, will ich ihnen helfen, das Brillentragen gefaßt und selbstverständlich auf sich zu nehmen, damit ihre Kameraden nicht in Versuchung geraten, sie damit zu ärgern. Da ich weiß, daß meinen Kindern Fernsehen nicht guttut, gibt es keinen Grund, sie gucken zu lassen!»

Kinder werden ja wegen aller möglichen Dinge aufgezogen: wegen ihres Namens, ihrer Sommersprossen, ihres Dialekts, lauter Dinge, für die sie nichts können. Und selbst wenn sie das ändern könnten, fänden die anderen wahrscheinlich etwas Neues zum Draufherumhacken. Wir müssen statt dessen die Kinder anleiten, sich beim Spielen bessere gemeinsame Umgangsformen anzugewöhnen. Sie sollten dabei auch das Gefühl der Sicherheit haben können, das ihnen die Nähe eines Erwachsenen schenkt. Aber nun wollen wir Peter und seine Familie sich selbst überlassen!

Schulkinder

Nicht in jeder Familie gibt es Kinder im Alter von ein bis sieben Jahren. Viele Leser dieses Buches haben sicher Kinder, die schon länger in die Schule gehen oder Teenager, die in ihrem Leben schon viel ferngesehen oder viele Stunden damit verbracht haben, den Heimcomputer mit Spielen und Musik zu programmieren. Es kann sicher sehr nützlich sein, den Apparat eine Zeitlang abzustellen und sich gemeinsam die Frage zu stellen: Warum sehen wir eigentlich so viel fern? Das kann eine ähnliche Wirkung haben wie ein plötzlicher Tapetenwechsel! Ungeahnte Fähigkeiten, die bis dahin vom Fernsehkonsum unterdrückt waren, erwachen zu neuem Leben: Phantasie, Freude am Spiel, Lust und Ausdauer, etwas gemeinsam zu machen, z. B. Freunde einzuladen, ein Theater auf die Beine zu stellen, umzumöbilieren, zu malen, zu musizieren, Feste zu feiern, Sport zu treiben – und vor allem Zeit zu haben, miteinander zu sprechen!

Wir Erwachsenen sind immer mit wichtigen Dingen so kolossal beschäftigt. Wir müssen putzen, verreisen, hier etwas extra verdienen und da Überstunden machen, müssen telefonieren, an Sitzungen teilnehmen und haben nie Zeit, uns die Fragen der Kinder anzuhören, für die ein Gespräch mit einem Lehrer oder den Eltern von lebenswichtiger Bedeutung sein kann.

Ein gemeinsames Butterbrot abends in der Küche vor dem Zubettgehen und ein vertrauliches Gespräch kann dem Leben eines jungen Menschen eine neue Dimension, eine neue Wendung geben. Viele Schulkinder und Heranwachsende sehnen sich heute gerade danach am meisten, mit einem Erwachsenen sprechen zu dürfen!

Wenn wir ausprobiert haben, eine Zeitlang ohne Fernseher zu leben, können wir ihn ja wieder in Betrieb nehmen. Wir sehen dann zusammen mit den Schulkindern fern, reagieren auf das Gezeigte, helfen ihnen auszuwählen, diskutieren hinterher die Sendung. Wir führen Regeln ein, beschränken uns z. B. auf eine bestimmte Anzahl von Programmen oder Fernsehstunden pro Woche oder legen fest, daß nur am Wochenende ferngesehen wird.

Wenn das Schulkind trotzdem immerfort fernsieht, kann man natürlich damit drohen, daß der Apparat hinausgeworfen wird. Aber das Resultat davon wäre höchstwahrscheinlich nur, daß der unentwegte Zuschauer sich ebenfalls herausgeworfen fühlte und sich auf dem kürzesten Wege zu einem Freund begäbe, um dort weiterhin seiner Leidenschaft zu frönen. Statt dessen wollen wir lieber versuchen, mit Hilfe von guter Laune und Erfindungsreichtum dem Fernsehen den Rang abzulaufen.

Wir können den heranwachsenden Kindern die Verantwortung für viele häusliche Arbeiten übergeben. Was für eine Vorstellung vom täglichen Leben hat eigentlich ein Teenager, der ja immerhin fast erwachsen ist? Wir sollten ihm helfen, sich ein Bild von unserer Wirklichkeit zu machen, indem wir ihn mehr an unserem eigenen

Leben teilhaben lassen, ihm von uns erzählen, auch von unseren Träumen und Plänen; ihn uns durch Erzählungen von Selbsterlebtem aus der eigenen Jugendzeit näherzubringen.

Es gibt heute viele Teenager, die keinen Einblick in die Welt der Erwachsenen haben. Sie sind auf eine begrenzte Teenagerkultur angewiesen, die hauptsächlich aus Unterhaltungskonsum und dem Schwärmen für Sportler und andere Stars besteht.

Natürlich ist es wichtig, daß wir Erwachsene nicht nur Rücksichtnahme auf *unsere* Interessen verlangen, sondern uns auch die Mühe machen, uns in das Leben der jungen Leute hineinzuversetzen. Wir sollten z. B. etwas über die Texte ihrer Lieblingsschlager oder -songs wissen, Kommentare zum Inhalt der Filme haben, die sie sehen, dieselben Bücher und Zeitungen lesen wie sie und uns zusammen über die dritte Computergeneration unterhalten können.

In der Pubertät sind die Jugendlichen so weit, daß sie ein kritisches Bewußtsein dafür entwickeln, was uns durch die Massenmedien eigentlich ins Haus gebracht wird. In dem Alter sollte das Thema «Medien als solche» sowohl in der Schule als auch zu Hause besprochen werden, und zwar gleich im Anschluß an etwas, das wir zusammen gesehen oder gelesen haben.

Einmal selbst einen Film machen zu dürfen und Bild und Ton zu einer teilweise fiktiven Folge von Ereignissen zusammenzuschneiden, das kann Jugendlichen sehr nützliche Einblicke vermitteln, in welche Versuchung Fernsehmacher oft geraten, die Wirklichkeit zu manipulieren.

Aber mit dem Erwerben von solchem Wissen und Bewußtsein muß man bis zu den letzten Schuljahren warten. Ein jüngerer Mensch hat weder die nötigen intellektuellen noch die gefühlsmäßigen Voraussetzungen dafür.

Heute in unserer technisierten Zeit Eltern zu sein, ist wirklich nicht leicht. Aber wollen wir nicht voraussetzen, daß wir die Courage und Ausdauer haben, die technische Entwicklung als eine riesengroße und trotz aller Nachteile positive Herausforderung zu sehen? Sie stellt uns die Aufgabe, in der Erziehung und im Umgang mit Kindern lebenskräftige Alternativen zu finden.

Man nehme sich vor, ein so spannender Unterhalter zu sein, daß die jungen Leute lieber bei uns als vor dem Fernseher sitzen!

Was uns zusammen Spaß macht

Jetzt höre ich jemand seufzen: «Ach, all diesen Zeitvertreib, vor allem Spiele spielen, Sport treiben, Spaziergänge machen und dergleichen, finde ich einfach schrecklich!»

Nun, es kann ja kein Erfolg werden, wenn man die Kinder vom Fernseher weglockt und sich selbst und sie dazu zwingt, den ganzen Abend Halma zu spielen, wenn es keinem Spaß macht!

Da ist es schon viel erfolgversprechender, sich ehrlich die Frage zu stellen: «Was mache ich wirklich gern zusammen mit meinen Kindern, und was macht ihnen Spaß, was möchten sie gerne mit mir tun?»

Ich gewinne nichts dadurch, daß ich sie ins Museum schleppe, was sie entsetzlich langweilig finden, oder eine Partie «Mensch ärgere dich nicht» nach der anderen mit ihnen spiele, nur damit sie nicht fernsehen können! Es ist auch nicht gut für sie, wenn sie ständig völlig ausgebucht sind und von einem Kurs zum anderen hetzen.

Während der ersten Zeit der Entwöhnung ist es am schwersten. Da müssen wir uns am stärksten engagieren. Nach ungefähr einem Jahr wird es dann ganz natürlich, eigene Gedanken zu haben, statt Fernsehgedanken. Es wird zur Selbstverständlichkeit, mit richtigen Menschen zu verkehren statt mit ferngesendeten, und die Kinder fragen immer seltener nach Video-Filmen.

Der zweite Teil dieses Buches möchte Tips und Hinweise zu gemeinsamen Beschäftigungen geben, falls man nicht eigene Einfälle hat, die besser sind.

Kinder haben eigentlich gar keine großen Ansprüche! Wir brauchen nicht jeden Abend mit einer professionellen Theatervorstellung aufzuwarten, um das Fernsehen zu ersetzen. Es geht genausogut mit einem Zungenbrecher wie z. B. «Brautkleid – Blaukraut»: zehnmal ganz schnell sagen, ohne sich zu versprechen!

Natürlich kann es manchmal schwierig werden, wenn der Fernseher des Nachbarn ständig so laut läuft, daß man den Ton durch die Wand hört. Oder wenn die Eltern sich nicht einig werden können: der eine schaltet ein, der andere aus.

Erst wenn man gelernt hat, seine persönlichen Voraussetzungen zu bejahen, wenn man sich ernsthaft mit seinen Problemen auseinandersetzt, den anderen und seine unmöglichen Ansichten mit Humor zu verstehen versucht und sich bei Mißerfolgen weigert, sich gleich geschlagen zu geben, erst dann weiß man, was es eigentlich heißt zu leben!

Aber ist es denn nicht grenzenlos naiv und fortschrittsfeindlich, daß wir Kindern vom Fernsehen so ganz abraten? Sind wir nicht Vorgestrige, die prinzipiell die Errungenschaften der Zivilisation ablehnen ungefähr wie die, die Todesängste ausstanden, als sie anno dazumal die erste Eisenbahn gemächlich dahertuffen sahen?

Ich glaube es nicht.

Ganz im Gegenteil bin ich überzeugt davon, daß die Zukunft erweisen wird, daß wir klarsichtig und weitblickend sind, wenn wir vor den Folgen technologiegesteuerter und von Bildmedien beherrschter Wachstumsjahre warnen.

Kinder sollten zusammen mit lebendigen Vorbildern in einer Sicherheit schenkenden, begrenzten und wohlbekannten Welt aufwachsen dürfen und nicht zu einer vorzeitigen Entwicklung und Frühreife gezwungen werden, sondern auch einmal staunend und freudig ihre Umgebung und die Vielfalt und den Reichtum der Natur betrachten können. Solche Menschen, die die Möglichkeit hatten, alle ihre Sinne im freien Spiel zu entwickeln, so daß sie auch für feine Nuancen empfänglich wurden und die oft über das wunderbare Erwachsenwerden nachgesonnen und es herbeigesehnt haben, dürften auch besser als andere in der Lage sein, mit Geschick, Urteilsvermögen und einem Herz auf dem rechten Fleck die technologische Entwicklung so voranzutreiben, wie sie am meisten dem Wohl des Menschen dient.

Fragen und Antworten

Eltern, die kleine Kinder haben und den Fernseher weggestellt haben, entdecken bald, daß sie in eine lehrreiche Debatte verwickelt werden. Das hat einen positiven Effekt, nämlich, daß man auch in anderen Familien nachzudenken beginnt und daß man selbst Gelegenheit hat, seine Ansichten zu formulieren.

Hier wird ein lebhafter Meinungsaustausch in Ausschnitten wiedergegeben:

«Was, ihr habt keinen Fernseher?»

«Doch, doch, aber wir haben ihn weggeräumt. Wenn er an zentraler Stelle dasteht, stellt man ihn doch bloß an. Es ist viel angenehmer, wenn man ihn nicht dauernd zu sehen braucht. Wir diskutieren jede Woche einmal, was sehenswert ist, und stellen den Apparat nur hin, wenn etwas Außergewöhnliches kommt.»

«Dürfen Ihre armen Kinder denn nicht mal das Kinderprogramm sehen?»

«Nein, denn wir finden es besser, daß sie sich auf uns einstellen, als auf einen Apparat. Wir können ja selbst Märchen erzählen und mit ihnen spielen und malen. Außerdem lernen sie auch, sich selbst zu beschäftigen, wenn der Apparat nicht dauernd läuft.»

«Aber warum sollen sie kein Kinderprogramm sehen dürfen? Die sind doch extra für Kinder gemacht!»

«Selbstverständlich! Ebenso wie Kriegsspielzeug, elektronische Computerspiele im Taschenformat, eine Unmenge von Schallplatten, Comics und Süßigkeiten. Es gibt vieles, das eigens für Kinder produziert wird, aber meine Kinder brauchen doch nicht *nur deshalb* auch alles zu bekommen! Außerdem sind vielleicht manche Kinderprogramme von Leuten gemacht, die noch nie etwas mit Kindern zu tun gehabt haben oder jedenfalls von Leuten, die unmöglich wissen können, was gerade *mein* Kind heute abend braucht!»

«Oh, ich finde, daß die kindliche Phantasie *sehr* vom Fernsehen angeregt wird!»

«Das hat wohl nichts mit Phantasie zu tun, wenn man in der

Vorstellung wiederholt, was man im Fernsehen gesehen hat. Die Kinder verarbeiten ihre Eindrücke dadurch, daß sie im Spiel aktiv aufgreifen, was sie gesehen haben. Phantasie bedeutet neu schöpfen, originell sein!»

«Für uns ist ja Video so phantastisch entspannend!»

«Ja, ihr schaltet den Apparat an und euch selber aus! Die Gehirntätigkeit wird abgedumpft, alle Körperfunktionen werden auf einen schlafartigen Zustand reduziert, aber man ruht trotzdem nicht aus, sondern überanstrengt ganz im Gegenteil die Augen- und Sitzmuskulatur! Es handelt sich also um eine Passivierung aller Sinne.»

«Aber Sie müssen doch immerhin zugeben, daß Fernsehen ausgezeichnet ist für solche Kinder, die zu Hause überhaupt keine Anregung bekommen!»

«Ich finde es direkt zynisch, daß gerade Kinder aus Problemfamilien einem Apparat anvertraut werden und daß man auch noch behauptet, das sei gut für sie. Statt eines Fernsehers brauchen sie richtige Menschen!»

«Aber deine Kinder haben doch immer nur sehr wenig ferngesehen, das bißchen wird wohl nicht geschadet haben?»

«Wenn ich vermute, daß etwas schädlich für sie ist, versuche ich natürlich, es ganz und gar auszuschalten. Ich gebe ihnen ja auch nicht jeden Tag nur eine halbe Zigarette oder lasse sie bloß donnerstags über eine gefährliche Kreuzung gehen, während ich sie an allen anderen Tagen selbst über die Straße bringe! Wenn ich weiß, daß Farbstoffe in Lebensmitteln schädlich sind, versuche ich natürlich, solches Essen zu vermeiden, oder? Regelmäßiger Fernsehkonsum übt, auch wenn er begrenzt ist, einen starken Einfluß auf Kinder aus.»

«Aber ich habe gehört, daß die meisten Kinder trotz Fernsehen sehr viel lesen.»

«Was viel in den Bibliotheken gefragt ist, ist eine sehr begrenzte Auswahl von Büchern im Anschluß an gewisse Fernsehprogramme. Kinder lesen jedoch meist Comics, Sachbücher und Bilderbücher, die spannend sein müssen, deren Handlung aber sehr einfach ist, also keine Bücher mit nuancierter Personenschilderung oder sorgfältig durchdachtem Handlungsverlauf. Fernsehen hält die Kinder vom Bücherlesen ab. Das gilt besonders für Kinder, die schon von Anfang an Schwierigkeiten mit dem Lesen hatten.»

«Gönnst du deinen Kindern vielleicht nicht, daß sie Video sehen, wo es ihnen doch solchen Spaß macht?»

«Tja, was macht Kindern nicht alles Spaß! Gefährliche Klettereien an verbotenen Stellen oder das Hüpfen von Eisscholle zu Eisscholle macht den meisten Kindern auch großen Spaß, aber soll man es deshalb erlauben? Ist es nicht Sache der Eltern, zu entscheiden, was für Kinder gut ist?»

«Ich habe bemerkt, daß die Kinder förmlich strahlen, wenn sie gemütlich vor dem Fernseher sitzen!»

«Die armen Kinder! Sie tun mir leid, wenn sie nichts anderes haben, worüber sie sich freuen können, wenn sie Zuschauer sein müssen, statt selbst spielen zu dürfen!»

«Meine Kinder kommen so selten aufs Land. Jetzt haben wir einen Farbfernseher, damit sie sehen können, wie es auf einem Bauernhof aussieht! Ist das nicht wunderbar!»

«Ich glaube, es ist für Ihr Kind viel besser, wenn Sie ihm *erzählen,* wie es da aussieht! Vielleicht fahren Sie dann einmal mit ihm auf einen richtigen Bauernhof. Ich glaube, es entwickelt seine Phantasie viel besser, wenn es manchmal sein Vorstellungsvermögen in Anspruch nimmt und selbst ausdenkt, wie das, was Sie erzählen, aussieht, statt es in Büchern mit Fotos oder im Fernsehen serviert zu bekommen.»

«In einer Fernsehsendung kann ja einfach *alles* gezeigt werden; wie soll ich das fertigbringen? Was können die Kinder nicht alles durchs Fernsehen erleben!»

«Wieso erleben? Sie machen ja in dem Gezeigten überhaupt nicht mit! Sie schlucken nur Bilder aus zweiter Hand, Konserven. Übrigens, warum sollen Kinder eigentlich so viel sehen? Vertragen sie denn Informationen in unbegrenzten Mengen? Wie sollen sie alles verarbeiten, was sie sehen? Außerdem finde ich es riskant, das Fernsehen als ‹Doktor Allwissend› im Wohnzimmer stehen zu haben. Was sollen die Kinder eigentlich von ihren einfältigen Eltern halten?»

«Eines ist klar: meine Kinder haben durchs Fernsehen kollossal viel gelernt!»

«Klar ist, daß sie von dir *viel mehr* gelernt haben! Durchs Fernsehen haben sie hauptsächlich zwei Sachen gelernt: reichlich arrogant zu werden und gefilmte Bildfolgen zu begreifen. Sie merken sich ein paar besondere Redewendungen, ein paar Zahlen und Wortspiele und tun sich damit wichtig, aber was sollen sie damit? Eines schönen

Tages wirst du merken, daß sie Bescheid wissen über das Elend in anderen Ländern, daß sie sich in Mißmut und Verzweiflung mit einer geradezu unheimlichen Vollendung einfühlen können, aber nicht die Fähigkeit haben, die einfachsten praktischen Probleme in ihrer unmittelbaren Umgebung zu lösen!»

«Aber ich könnte ohne Video einfach nicht auskommen! Wie sollte ich es sonst schaffen, nachdem ich von der Arbeit total erschöpft heimkomme, das Essen auf den Tisch zu bringen?»

«Haben Sie schon einmal daran gedacht, daß Ihr Kind nur abends die Gelegenheit hat, sich von all seinen Erlebnissen an diesem Tage zu erholen? Das abendliche Beisammensein ist vielleicht sogar die einzige Zeit, die die Familie gemeinsam verbringt? Man will doch sein Kind kennenlernen! Wie sollen Ihre Kinder denn Einblick ins Leben der Erwachsenen bekommen können, wenn sie nie mit Ihnen zusammen sind?»

«Die ständige Berieselung mit Fernsehunterhaltung ist womöglich wirklich nicht das beste; das mag richtig sein. Aber am Computer Programme auszutüfteln, findet mein Zehnjähriger so faszinierend, daß er überhaupt nicht mehr davon wegzubringen ist. Und das finde ich ja nun auch nützlich für ihn, denn die Beherrschung des Computers ermöglicht ihm ja eine bessere Zukunft!»

«Sie finden also wirklich, daß es für Ihren Sohn gesund ist, wenn er täglich stundenlang still vor einem Bildschirm in der Stube hockt? In welchem anderen Zusammenhang ist es üblich, Kinder schon mit zehn Jahren für einen Beruf auszubilden und zu trainieren? Ein Kind in dem Alter ist ja noch lange nicht fertig entwickelt! Ich glaube, daß ihm später viele wichtige Erfahrungen fehlen werden, die er nicht machen kann, wenn man ihn so früh an den Computer setzt, weil er da gefühls- und willensmäßig stagniert.»

«Aber es gäbe ja ein furchtbares Theater, wenn wir den Fernseher abstellen würden!»

«Ja eben! Ist denn ein bißchen Leben in der Bude nicht besser als alle Scheinereignisse? Sind direkte Konfrontationen nicht viel nützlicher als lähmende Gleichgültigkeit? Ich habe neulich von einem Jungen gehört, der in der Schule ungewöhnlich guter Laune war. Als man ihn nach der Ursache fragte, stellte sich heraus, daß sein Vater an diesem Tag ‹guten Morgen› zu ihm gesagt hatte!»

Lehrer beschreiben die Situation als erschreckend, denn die Anzahl der Problemkinder in den Schulen steigt katastrophal. Sie sorgen sich darum, wie es bei uns aussehen wird, wenn alle diese in ihrer Entwicklung gestörten Jugendlichen erwachsen sind. Aber dann ist es zu spät. Ich glaube nicht, daß wir der Schule die Schuld dafür geben können, daß vieles so schiefgelaufen ist.

Nein, es ist das blaue Flimmern der Mattscheibe, das seine lähmende Gleichgültigkeit um sich verbreitet hat, und wir haben nichts dagegen unternommen!

Wir müssen uns entscheiden: Für die Kinder und gegen das Fernsehen!

Zu leben oder . . .

fernsehen, das ist die Frage!

Wie wir Abhilfe schaffen können

Alle können wir mithelfen, um die massiven, negativen Wirkungen der TV-Kultur abzuschwächen.

Stellen Sie den Status quo in Frage! Getrauen Sie sich, Alternativen zum Fernsehen vorzuschlagen!

Wir wollen gleich bei uns selbst beginnen. Wie gebrauchen *wir* den Fernseher? Schließlich sind wir Vorbilder für unsere Kinder. Wenn wir eingeladen sind, wollen wir miteinander reden, nicht fernsehen. Stellen Sie den Fernseher ab und sprechen Sie miteinander!

Besuchen Sie das nächste Gesundheitsamt und fragen Sie, was man dort tut, um über die Schädlichkeit des Fernsehens zu informieren und zu anderen Beschäftigungen zu ermutigen!

Setzen Sie sich für fernsehfreie Kindergärten ein! Organisieren Sie einen Elternkurs mit Thema Fernsehen, z.B. mit Nachbarn oder anderen Eltern; eventuell in Verbindung mit einer Volkshochschule.

Aktivieren Sie den Elternbeirat, für den das ja wirklich eine wichtige Frage ist!

Sammeln Sie Artikel und sonstige Literatur, die sich mit dem Fernsehen beschäftigt. Vervielfältigen Sie sie und reichen Sie sie weiter! Organisieren Sie in der Nachbarschaft oder im Kindergarten Gruppen, die gefährdeten Familien aus der Abhängigkeit vom Fernsehen helfen! Unterstützen Sie die Lehrer Ihrer Kinder! Lassen Sie sie wissen, daß Sie dankbar sind, wenn sie die heikle Fernsehfrage anschneiden. Ermutigen Sie die Lehrer, bei Elternabenden Fernsehabstinenz zu propagieren. Diskutieren Sie selbst so oft wie möglich über das Problem. Laden Sie Lehrer anderer Schulen ein, die von ihren Erfahrungen erzählen!

Protestieren sie direkt bei Fernsehproduzenten und Videohändlern, sobald Sie auf Gewaltverherrlichung im Fernsehprogramm und in Videofilmen stoßen. Rufen Sie Ihre Abgeordneten in Gemeinde, Land und Bund an und fragen Sie, wie sie sich zur Fernsehfrage stellen. Warum darf ein Film, der im Kino der freiwilligen Selbstkontrolle unterworfen ist, als Videofilm unbeschnitten gezeigt werden?

Lassen Sie sich vom Videohändler eine schriftliche Verpflichtung geben, daß er an Minderjährige keine Filme verkauft oder vermietet, die nicht ab 18 Jahren zugelassen sind. Sollen die Bibliotheken wirklich in Videotheken verwandelt werden? Unterstützen Sie die Bibliotheken! Leihen und lesen Sie viele Bücher, z. B. über Lieder, Spiele und Handwerk.

Wir können so unendlich viel zusammen mit unseren Kindern machen, wenn wir nur den Willen und die Kraft dazu haben! *Vergessen Sie nicht, denen zu helfen, die nicht soviel Energie haben!*

Worte sind billige Spielsachen. Die Sprache, das Gespräch baut Brücken zwischen Menschen. Durch Worte erst werden Einfühlungsvermögen und Verständnis möglich. Worte erwecken die Phantasie zum Leben.

Kinder brauchen Menschen, keine Apparate!

Zweiter Teil: Bastelarbeiten und Spiele

Spielen und Basteln

Hier folgt eine Reihe von Vorschlägen, was man mit den Kindern oder für die Kinder machen kann: Basteleien und Spiele aller Art, darunter ein Abschnitt über Papierarbeiten, Fingerspiele, Kinderreime usw.

Suchen Sie aus, was Ihnen selbst oder Ihren Kindern am meisten Spaß macht. Ich habe mich darum bemüht, die Auswahl so zu treffen, daß man auf folgendes verzichten kann:

- teures Material,
- ungewöhnliches Werkzeug,
- langwierige Vorbereitungen.

Wenn alle Stricke reißen und die Kinder quengeln: «Was sollen wir bloß machen?», kann man ganz am Schluß dieses Buchs (S. 199) eine Liste mit Vorschlägen für den Notfall finden.

Und nun kann's losgehen!

Was man alles mit Papier machen kann

Woraus bestehen eigentlich die weißen oder farbigen dünnen Blätter, die wir Papier nennen?

Die Kunst, Papier herzustellen, ist uralt. Ca. 100 n. Chr. wurde es zuerst in China aus Maulbeerbast, Hanf und Lumpen (unter Zusatz von Wasser) hergestellt. Im Mittelalter wurde dieser Prozeß durch die Araber auch in Europa bekannt: 1276 wird in Italien die erste Papiermühle errichtet.

Heute wird Papier aus Holz (Fichte, Kiefer, Buche) bzw. Leinen- oder Baumwollhadern gemacht, die zermahlen und mit Hilfe von Chemikalien aufbereitet und mit Wasser verdünnt werden. Der so entstehende Brei wird zwischen den schnell rotierenden Walzen der Papiermaschine plattgepreßt und getrocknet.

Wir können heute unter einer großen Anzahl verschiedener Papierqualitäten zu allen möglichen Verwendungszwecken wählen: Küchen-, Krepp-, Seiden-, Schreib-, Pack-, Zeitungs-, Butterbrotpapier usw.

Dick ausgewalztes Papier trägt den Namen Pappe (es wiegt dann mehr als 350 g pro m^2) oder Karton.

Altpapier kann wiederverwendet werden. Man zerkleinert alte Zeitungen und verarbeitet sie zu neuem Papier, oder man faltet einen Drachen aus einem Stück altem Packpapier!

Wer verschwenderisch mit Papier umgeht, treibt Raubbau mit dem Wald. Man kann wirklich ohne Übertreibung behaupten, daß wir in den industrialisierten Ländern richtige Verschwender sind. Wenn wir ein Wort falsch geschrieben haben, werfen wir gleich das ganze Papier weg; wir knüllen tonnenweise feines Papier zusammen und lassen es in unsere Papierkörbe fallen.

Malen

Wie können wir nun dieses vielseitige Material benutzen?

Für Kinder ist es wohl die schönste Beschäftigung, auf Papier zu *zeichnen* oder zu *malen.* Dazu bekommen sie möglichst große, ordentliche Bögen, dicke Pinsel und nicht zu kleine Farbtöpfchen mit Wasserfarbe, so daß das Malen zügig und großzügig vonstatten gehen kann. Dicke Wachsfarbstifte eignen sich ebensogut, während Tusch- und Filzschreiber für das Kleinkind nicht zu empfehlen sind.

Wenn Peter eine Geschichte gehört hat, kann er durch Malen seiner Phantasie am besten freien Lauf lassen. Statt als passiver Zuschauer fertige Fernsehbilder zu konsumieren, ist er schöpferisch tätig und gestaltet seine eigenen farbenfrohen Bilder.

Wenn wir, ohne Aufhebens davon zu machen, solche Bilder aufbewahren, die für unser Kind typisch sind, können wir viel Freude daran haben, natürlich auch die Kinder, wenn sie erwachsen sind. Wir können daraus auch eine ganze Menge über sie erfahren! Peter erzählt nämlich das in Bildern, wofür er keine Worte hat.

Die Kinder sollten früh lernen, mit ihren Farben vorsichtig umzugehen. Das Gelb ist ganz verzweifelt, wenn es mit Braun beschmiert wird. Farbtöpfchen und Pinsel sollen immer nach dem Malen gleich ausgewaschen werden und die Pinsel so zum Trocknen aufgehängt oder gestellt werden, daß die Haare dabei nicht geknickt werden. Und wie bereits gesagt, kein Papier verschwenden! Wenn Kinder unbegrenzten Zugang zu Papier haben und nicht das Gefühl, sich in acht nehmen zu müssen, schmieren sie oft nur, und es kommt bei der Malerei nichts Ernsthaftes heraus. Natürlich soll man aber auch nicht knausern.

Falt- und Scherenarbeiten

Papier ist auch zum Falten und Schneiden zu gebrauchen. Schon das Kind von drei bis vier Jahren kann mit einiger Übung schneiden, wenn man ihm dazu eine Kinderschere gibt, die oben stumpf ist. Aber für die hier beschriebenen Arbeiten sollte man schon etwas älter sein oder einen Erwachsenen als Hilfe haben.

Die Hauptregel für Faltarbeiten ist: Je genauer man Eck über Eck faltet, desto besser wird das Resultat!

Abb. 1

Papierschlange

Zwei gleichlange Papierstreifen werden zugeschnitten und miteinander verbunden, indem man sie mit je einem Ende im rechten Winkel übereinanderlegt und so zusammenklebt.

Abb. 2a

Abb. 2b

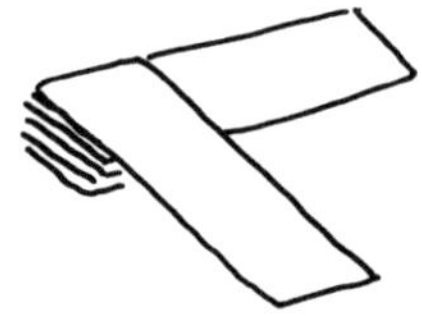

Abb. 2c

Dann werden die Streifen abwechselnd übereinandergefaltet, immer hin und her, bis das Papier zu Ende ist. Siehe Abb. 2a-c. Die beiden Endteile klebt man zusammen und faltet einen vorn spitz zulaufenden Kopf, in dessen Maul eine Zunge geklebt wird (Abb. 1). Die Papierschlange wird entweder gleich aus buntem Papier gefaltet oder nachträglich angemalt.

Mit derselben Technik kann man auch aus verschieden dicken Papierstreifen Teile basteln, die dann zu allen möglichen Tieren oder menschlichen Gestalten zusammengeklebt werden.

Trinkbecher

Ein quadratisches Stück Papier wird über Eck zu einem Dreieck gefaltet wie auf Abb. 3a. Eine der unteren Ecken wird umgebogen, so daß sie zuoberst liegt (Abb. 3b). Die eine Spitze des Dreiecks wird nach unten geklappt (3c). Jetzt wird das Ganze umgedreht, so daß die Seite nach oben kommt, die bisher auf dem Tisch lag. Die andere Ecke wird umgebogen und die zweite Spitze nach unten geklappt.

Abb. 3a

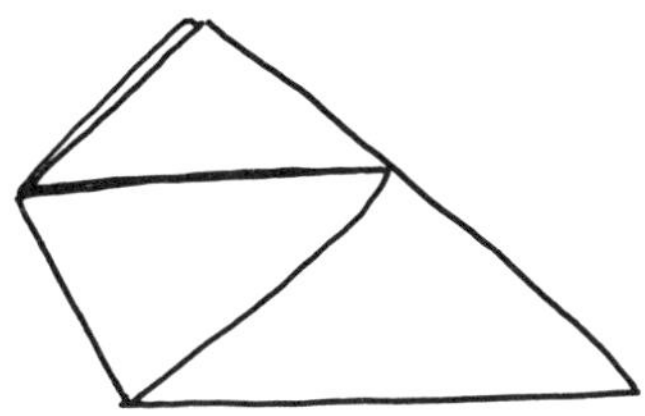

Abb. 3b

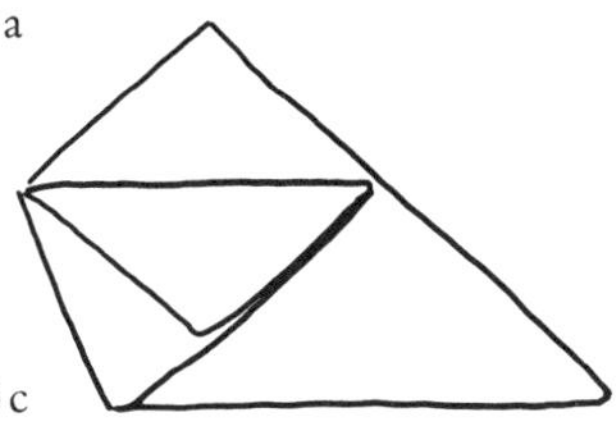

Abb. 3c

Abb. 3d

Jetzt kann man den Becher aufmachen und Wasser hineingießen (3d). Man kann ihn aber auch rot anmalen, eine schwarze Troddel daran befestigen und ihn als Fez auf den Kopf setzen!

Himmel und Hölle, Flohfänger oder Salzfäßchen

Man legt ein quadratisches Stück Papier vor sich auf den Tisch und klappt alle Ecken zur Mitte hin wie auf Abb. 4a.

Abb. 4a

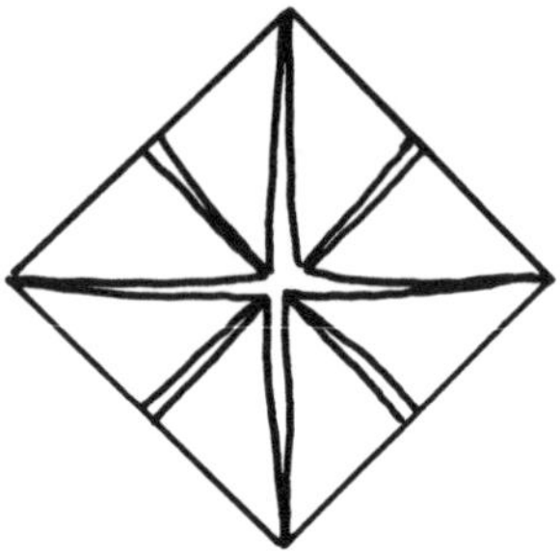

Abb. 4b

Abb. 4c

Abb. 4d

Abb. 4e

Dann wird die Unterseite nach oben gekehrt, und wiederum werden die Ecken nach innen gefaltet (4b).

(Beim Salzfaß, das ja etwas stabiler sein muß, kann man das Falzverfahren auch noch einmal wiederholen: umdrehen, Ecken nach innen falten, 4c.)

Nun knifft man das entstandene Quadrat in den Diagonalen nach unten und in den Mittellinien nach oben. Dann klappt man die Ecken auf wie in Abb. 4d. Jetzt kann man den Daumen und drei Finger einer Hand oder Daumen und Zeigefinger beider Hände von unten hineinstecken und den «Himmel», der blau angemalt wird, und die rote «Hölle» wechselweise öffnen und schließen. Man fragt: «Himmel oder Hölle»?, worauf der Gefragte mit dem Finger über diejenige Spalte des geschlossenen Gebildes fährt, die er geöffnet haben will, und er bekommt alsbald zu sehen, wo er landet!

Soll das ganze als Flohfalle benutzt werden, bemalt man die eine Spalte innen mit vielen prächtigen Flöhen, während die andere weiß bleibt. Dann kann man die Leute ordentlich erschrecken, indem man ihnen erst die «saubere» Spalte zeigt, ihnen dann mit dem Flohfänger in die Haare fährt und die Flöhe vorzeigt!

Stellt man die Flohfalle verkehrt herum auf den Tisch, hat man ein Salzfäßchen bzw. einen Gewürzbehälter (4e). Aber erst die Flöhe ausleeren!

Zeitungshelm, Käppi oder Schachtel

Dazu braucht man ein Stück Papier oder eine Zeitung, ca. 50 × 70 cm. Das Papier wird einmal in der Mitte gefaltet wie auf Abb. 5a. Nun werden die beiden oberen Ecken nach unten geknickt, so daß ein Dreieck entsteht (5b). Die eine untere Kante wird zweimal nach oben gefaltet (5c), worauf man diejenige Seite nach oben wendet, die bisher auf dem Tisch lag und die Seitenteile nach innen faltet (5d). Nun wird die zweite untere Kante hochgeklappt, das überstehende Stück wird unter das schon Gefaltete hineingeschoben (5e). Dann knickt man die Spitze nach unten, steckt sie in den Krempenaufschlag, und das Käppi ist fertig (5f).

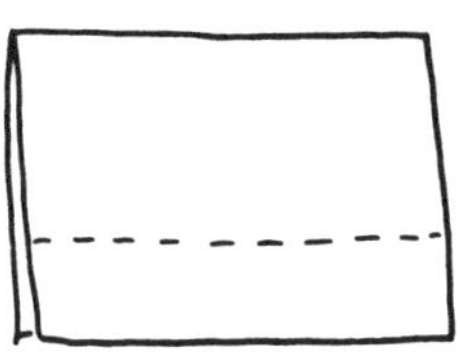

Abb. 5a

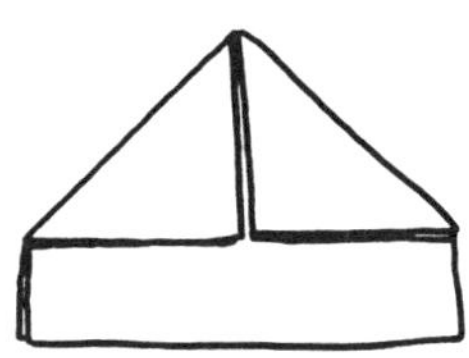

Abb. 5b

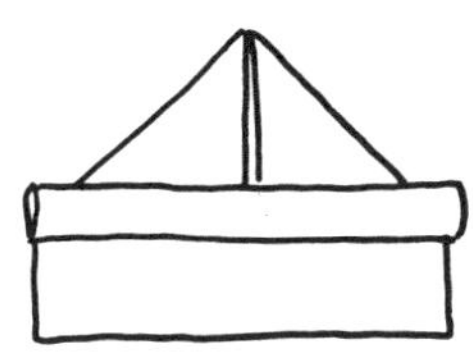

Abb. 5c

Abb. 5d

Abb. 5e

Abb. 5f

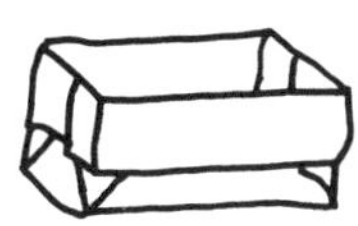

Abb. 5g

Wenn man statt dessen eine Schachtel haben will, dreht man die Mütze mit der Öffnung nach oben und drückt einen platten Boden hinein. Parallel zum Aufschlag werden Falten geknifft. Die beiden dabei entstehenden Dreiecke schiebt man einfach unter den Aufschlag (5g).

Die allereinfachste Kopfbedeckung ist der klassische Zeitungshelm, den man erhält, wenn man der Beschreibung bis 5c folgt, worauf man die zweite untere Kante ebenso wie die erste nach oben faltet.

Papierstern

Man schneidet zwei quadratische Stücke weißen Papiers (mit ca. 7 cm Seitenlänge) zu. Erst zweimal diagonal falten, dann wieder auffalten und wie auf Abb. 6a alle Ecken zur Mitte hin einschlagen. Jede Falzseite wird in der Mitte bis ungefähr zur Hälfte eingeschnitten (6b). Die losen Kanten werden so gefaltet, daß Spitzen entstehen (6c). Man klebt zwei solcher Sterne Rücken an Rücken aneinander, in der Mitte mit einem hübschen Lackbild dekorieren. Dann wird der Stern an einem Bindfaden aufgehängt, der durch eine der Spitzen gezogen wird (6d).

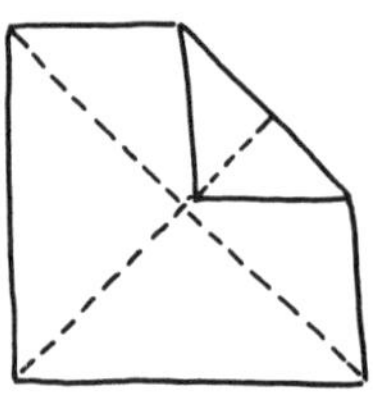

Abb. 6a

Abb. 6b

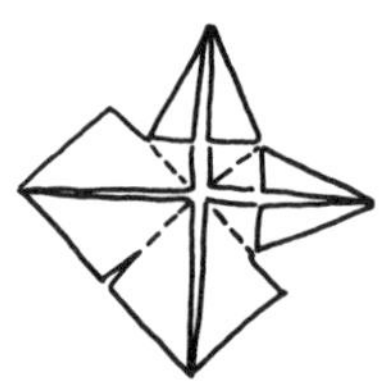

Abb. 6c

Abb. 6d

Geflochtenes Herz

Benötigt wird dafür je ein Stück rotes und grünes Glanzpapier. Doppelt falten und nach dem Muster auf Abb. 7 ausschneiden. Man erhält so einen doppelten «Kamm» in jeder Farbe. Jetzt heißt es herauszufinden, wie man die beiden Teile zu einem herzfömigen Körbchen zusammenflicht!

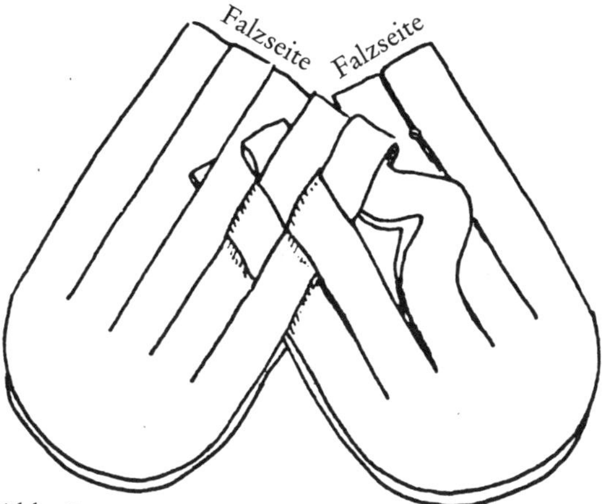

Abb. 7

Oben wird ein kleiner Henkel angeklebt.

Papierschwalbe

Einen Bogen Papier (z.B. DIN A4-Format) zur Hand nehmen. Durch Knicke wie auf Abb. 8a und b markieren. Dann die Seiten wie auf Abb. 8c einklappen und die oberen Teile zur Spitze hin hochfalten (8d). Das Hochfalten noch einmal wiederholen (8e). Dann 8e wieder auffalten, die beiden Seiten nach unten falten (8f zeigt das Ergebnis), – wieder auffalten. Die Kniffe sollen nun wie auf Abb. 8g aussehen. Jetzt biegt man die beiden Ecken links und rechts hoch und knifft sie zusammen, so daß zwei hochstehende Zipfel entstehen. Diese werden nun nach oben umgebogen und bilden den Schnabel der Schwalbe. Nun wird ein längliches Stück Papier als Schwalbenschwanz eingeschoben. Jetzt die Spitze nach hinten umbiegen, so daß nur noch der «Schnabel» vorne herausragt (8i), wenden. Die Schwalbe ist fertig: 8j.

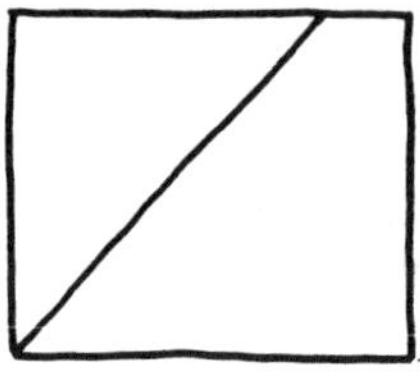
Abb. 8a

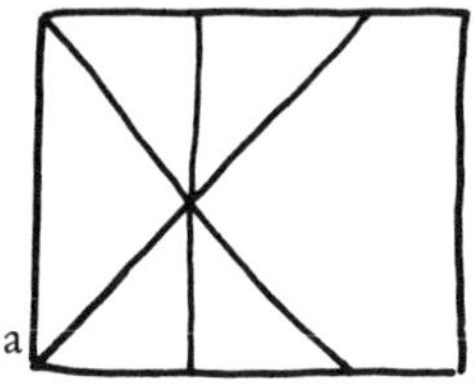
Abb. 8b

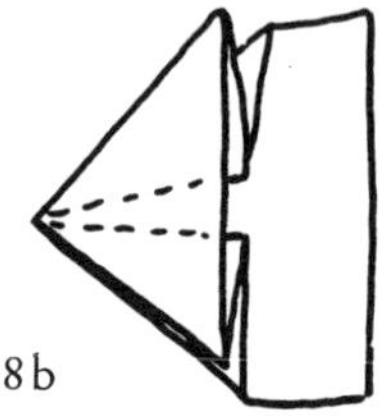
Abb. 8c

Abb. 8d

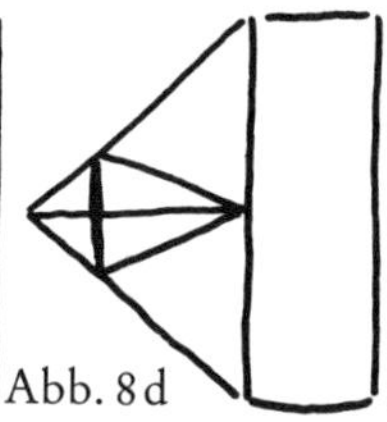
Abb. 8e

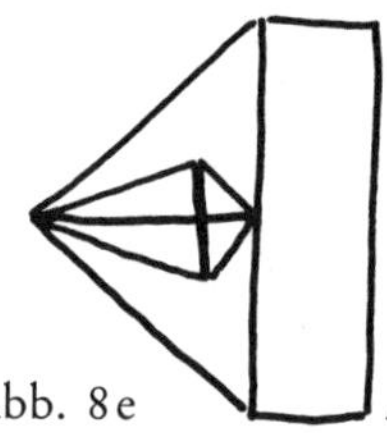
Abb. 8f

Abb. 8g

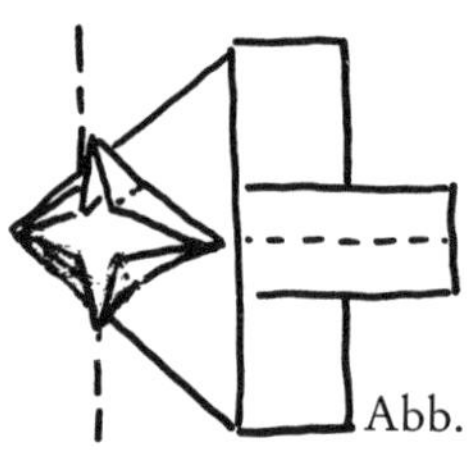
Abb. 8h

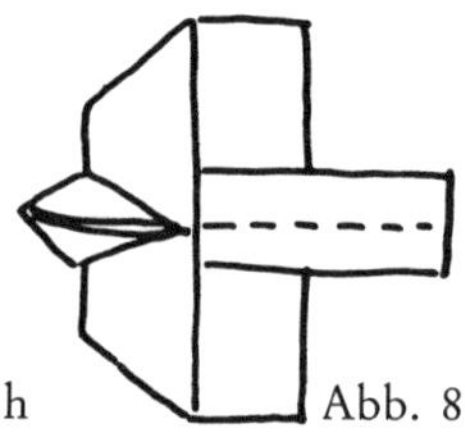
Abb. 8i

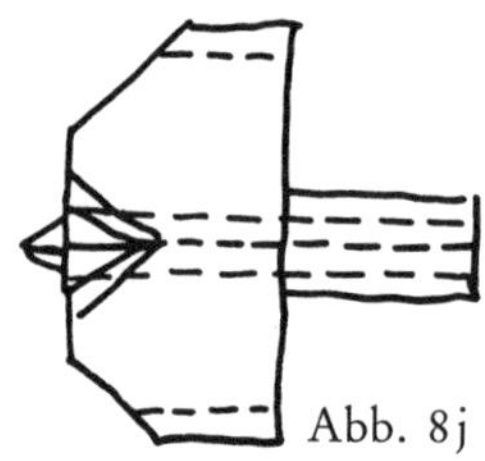
Abb. 8j

Windrädchen

Wir brauchen ein quadratisches Stück festes Papier, möglichst in einer schönen Farbe. Mit Hilfe eines Lineals werden Diagonalen gezogen, die man von allen Ecken aus bis etwa zur Mitte einschneidet. Dann wird jeder zweite lose Zipfel nach oben gebogen, man sticht eine Stecknadel durch die vier Zipfelspitzen und den Mittelpunkt des Papiers. Die Stecknadel wird dann auf ein Holzstäbchen gesteckt. Wenn man zwischen Stecknadelkopf und Windrädchen eine kleine Perle auf die Nadel schiebt, dreht sich unser Rädchen besser. Stabiler wird das ganze, wenn man einen Tropfen Leim auf die Nadel gibt, ehe man sie an dem Holzstäbchen fixiert. Abb. 9.

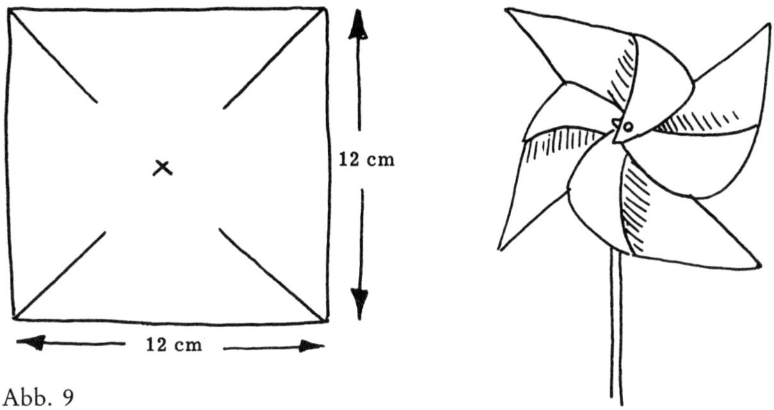

Abb. 9

Papierdrachen

Benötigt werden zwei Blumenstäbchen, am besten aus Bambus, Länge 70 und 95 cm. Die Stäbe werden an den Enden und am Kreuzungspunkt mit dem Taschenmesser eingekerbt, damit die Bindfäden nicht verrutschen. Das Oberteil des Stäbchenkreuzes soll ebenso lang sein wie die beiden Arme. Der Kreuzungspunkt wird mit starkem Bindfaden oder mit dünner Schnur fest umwickelt und verleimt (10a), dann spannt man Bindfaden zwischen den vier eingekerbten Stabenden (10b). (Die Stäbe müssen im rechten Winkel

Abb. 10a Abb. 10b Abb. 10c Abb. 10d

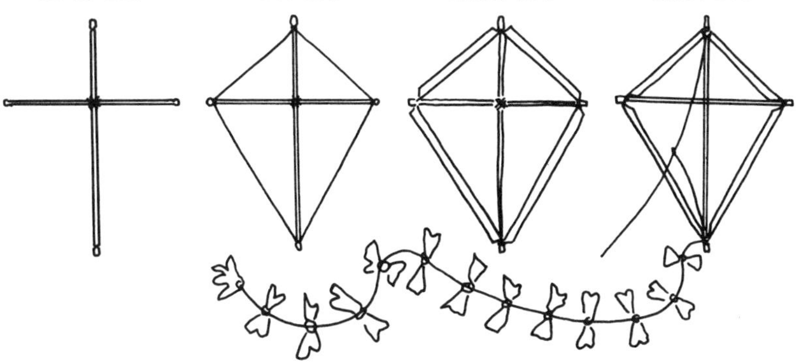

zueinander stehen.) Dieses Gerüst wird auf ein glattes Umschlagpapier gelegt, ein paar cm außerhalb des Bindfadens wird mit einem Stift eine Linie um den Drachen herum gezogen, und das Papier wird ausgeschnitten. Nun legt man das Gerüst aufs Papier (10c), bestreicht das über dem Bindfaden überstehende Papier mit Klebstoff, klappt es um und drückt es fest. Trocknen lassen. Oben am Drachen wird die Drachenschnur befestigt, nachdem man ein kürzeres Stück abgeschnitten, unten am Drachen befestigt und durch einen Laufknoten mit der oberen Schnur verbunden hat (10d). Dann macht man einen ca. 2 m langen Schwanz mit Papierrosetten fest und wartet auf einen windigen Tag, um den Drachen steigen zu lassen!

Anziehpuppe aus Papier

Manchen älteren Kindern macht es sehr viel Spaß, Kleider für Anziehpuppen aus Papier zu machen.

Die Puppe wird auf starkem Karton aufgezeichnet. Nur wer glaubt, wirklich keine eigene Puppe zustandebringen zu können, darf ein bißchen schummeln und eine abzeichnen oder durchpausen, z. B. aus einem Märchenbuch.

Abb. 11

Dünnes, weißes Papier über die fertige Puppe legen und Kleider nach ihren Konturen zeichnen. Nicht die kleinen Laschen vergessen, mit denen man die Kleider an der Puppe befestigt! Man kann die Kleider außerdem auch noch mit Büroklammern festklemmen, damit die Puppe sie nicht dauernd verliert.

Abb. 12

Hampelmann

Für den Hampelmann benutzt man starken Karton oder doppelt aufeinandergeklebtes Papier. Darauf werden Kopf, Rumpf und Beine in einem Stück gezeichnet. Die Arme (eventuell auch die Beine) werden separat aufgezeichnet, und zwar so lang, daß sie ein ganzes Stück hinter den Körper geschoben werden können. Sie werden mit dem Locher gelocht und mit Musterklammern am Körper befestigt. Ganz innen werden Schnüre an den Armen befestigt und hinter dem Rücken zusammengeknotet. Sie enden etwas unterhalb der Beine mit einer Kugel oder Troddel zum Ziehen. Man kann auch andere Modelle ausprobieren, wie z. B. Figuren mit Hampelbeinen oder gegliederten Armen oder Tiere, die mit dem Kopf nicken können!

Bewegliche Bilder

Ein Märchen, das das Kind besonders gern hat, kann man mit einem großen Bild mit beweglichen Figuren illustrieren. Man zeichnet das Motiv, z. B. einen Wald oder ein Meer mit wildwogenden Wellen, und zwar skizzenartig und undetailliert, damit sich die Phantasie des Kindes betätigen kann, auf einen großen Bogen weißes Papier oder

Abb. 13

Karton. Mit dem Papiermesser oder der Nagelschere wird ein Schlitz eingeschnitten.

Nun zeichnet man z. B. ein Schiff, das auf den Wellen schaukelt oder einen Vogel, der die Jungen im Nest füttert.

Schiff oder Vogel werden mit einer Musterklammer so befestigt, daß eine Lasche des Papiers, worauf die Figur gezeichnet ist, unter dem Rand des Bildes hervorschaut, so daß die Figur mit Hilfe der Lasche hin und her bewegt werden kann.

Eine andere Idee besteht darin, einen Kreis mit z. B. vier Bildern zu zeichnen, die wichtige Ereignisse des Tages darstellen: Schlaf, Mahlzeit, Spaziergang, Märchenstunde. Dieser Kreis ist drehbar, so daß ein Bild nach dem anderen aus einem Schlitz heraus zum Vorschein kommt. Man kann aber z. B. auch die vier Jahreszeiten darstellen.

Seidenpapier

Für Seidenpapier gibt es unendlich viele Verwendungsmöglichkeiten. Z. B. kann man Puppen daraus knoten, ihnen dann wollene Haare aufkleben und sie an ein paar Blumenstäbchen als Mobile aufhängen.

Man kann «Bilder reißen», d. h. aus bunten, abgerissene Stückchen Seidenpapier auf einem weißen Seidenpapierbogen ein Bild aufkleben und das Ganze einrahmen oder es an der Fensterscheibe aufhängen. So ein Bild machen schon die Kleinsten mit Vergnügen!

Wenn wir helfen, aus Pappe den Rahmen für eine Laterne zu basteln, kann das Kind Figuren aus Seidenpapier in den Seitenöffnungen festkleben. Alufolie auf den Boden der Laterne legen und eine kurze, dicke Kerze darauf festtropfen.

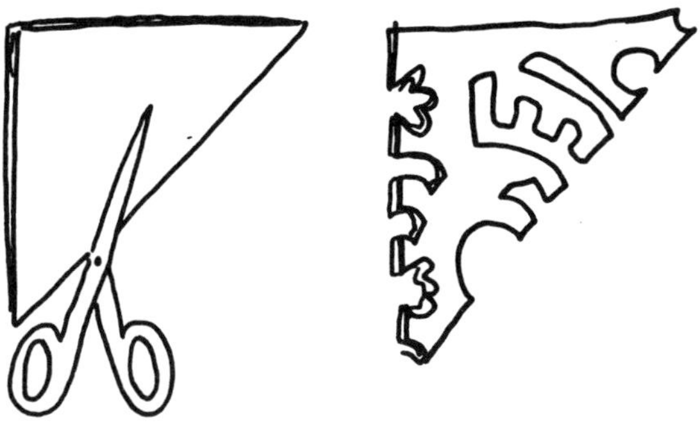

Abb. 14

Man kann auch Seidenpapier mehrere Male falten und Deckchen oder Sterne daraus schneiden (Abb. 14).

Ein bereits zerknittertes zerrissenes Stück Seidenpapier zu einem Ball zusammenknüllen und mit ein paar dünnen Gummiringen zusammenhalten; die Kinder können es dann als weichen Ball verwenden, mit dem auch in der Wohnung gespielt werden darf.

Literatur

Richard Harbin: *Origami. Die Kunst des Papierfaltens.* Niedernhausen 1971.
Brunhild Müller: *Bilderbücher mit beweglichen Figuren.* Stuttgart ^{2}1981.
Lena Nessle: *Papier-Basteleien.* Niedernhausen 1977.

Kinderreime

Die alten Kinderreime vermitteln Freude am gesprochenen Wort. Sprachrhythmus und -melodie sind dabei von Bedeutung.

Das kleine Kind ist selig, wenn es zu schnurrigen Reimen und fröhlichen Rhythmen auf Mamas oder Opas Knie reiten darf. Die drolligen, manchmal etwas eigenartigen Wörter können bisweilen einen magischen Klang haben wie eine Zauberformel oder eine Beschwörung. Dieses Geheimnisvolle nimmt das Kind ganz und gar gefangen.

Früher machten Märchen, Lieder und Reime einen Teil der Volksdichtung aus. Alt und jung konnten vieles davon auswendig. Das war die einzige Art der Überlieferung zu einer Zeit, als Bücher und Zeitungen selten und teuer waren und es noch keine anderen Medien gab.

Solche alten Reime oder Lieder erzählen uns von längst vergangenen Zeiten:

In Mutters Stübele, da geht der hm, hm, hm,
in Mutters Stübele, da geht der Wind.
Ich muß erfrieren drin mit meinem hm, hm, hm,
ich muß erfrieren drin mit meinem Kind.
Wenn das die Mutter wüßt, daß ich erfrieren muß,
sie würde grämen sich bis in den Tod.

Es gab Reime, Sprüche und Lieder für alle Situationen: Tischgebete, Wiegenlieder, Reime, die beim Backen gesprochen wurden, Sprüche, um Wetter und Naturgewalten zu beschwören oder um böse Gedanken zu vertreiben.

Worte begleiteten die Tat und schenkten dadurch den Kindern Geborgenheit. Im Frühling wurden bestimmte Lieder gesungen, im Herbst wieder andere. Bei der großen Wäsche paßte dieses, bei der Heuernte jenes.

Aber als durch die Industrialisierung die althergebrachte bäuerliche Kultur geschwächt und die Dorfgemeinschaft aufgelöst wurde, verschwand damit ein großer Teil der von Geschlecht zu Geschlecht überlieferten Volksdichtung zusammen mit dem traditionsreichen Handwerk.

Warum sollte man sich mit Stickereien abplagen oder Muster in sein Hab und Gut schnitzen, wo doch Maschinen Gebrauchsgegenstände viel schneller und billiger produzieren können? Warum sollten wir uns darum bemühen, eigene Lieder oder Gedichte zu machen oder uns alte zu merken, wenn Bücher, Radio und TV darum wetteifern, uns mit Liedern und Gedichten zu «unterhalten»?

Lieder, Reime und Spiele wurden rechtzeitig aufgezeichnet, so daß diese Entwicklung sie nicht ganz verschütten konnte.

Wenn wir die alten Reime und Märchen in Büchern lesen, machen sie manchmal einen eigenartigen und überholten Eindruck auf uns. Warum sollen wir uns eigentlich die Mühe machen, sie auswendig zu lernen? Aus einem einfachen Grund: Wir wissen, daß Kinder Worte brauchen, die ihre Handlungen begleiten. Sie wollen sie hören und selber aussprechen, um ihren Wortschatz anzureichern. Reime inspirieren zum Spielen mit Lauten und damit zur Erforschung der Muttersprache. Deshalb ist es so wichtig, mit den Kindern zu reimen! Verse, die bei gewissen Gelegenheiten immer wieder aufgesagt werden, lernen wir leicht. Versuchen Sie es z. B. auf dem Heimweg jedesmal an derselben Straßenecke mit dem Verslein:

«Spannenlanger Hansel, nudeldicke Dirn» usw. (Text siehe S. 114.)

Und wenn wir uns ärgern, können wir, statt zu fluchen, schnell einen bissig-humorigen Reim erfinden und uns damit Luft machen! In einer schier endlosen Autoschlange z. B. ist es uns gleich etwas besser zumute, wenn wir ein Lied singen können, das kein Ende hat:

Wenn der Topp aber nun ’n Loch hat

«Womit soll ich's aber zustopp'n, lieber Heinrich . . .?»
«Mit Stroh, liebe, liebe Liese, liebe Liese, mit Stroh!»

«Wenn das Stroh aber nun zu lang ist, lieber . . .?»
«Hau es ab, liebe, liebe Liese, liebe Liese, hau's ab!»

«Womit soll ich's aber abhau'n, lieber . . .?»
«Mit dem Beil, liebe, liebe Liese, liebe Liese, mit 'm Beil!»

«Wenn das Beil aber nun zu stumpf ist, lieber . . .?»
«Mach es scharf, liebe, liebe Liese, liebe Liese, mach's scharf!»

«Womit soll ich's aber scharf mach'n, lieber . . .?»
«Mit dem Stein, liebe, liebe Liese, liebe Liese, mit 'm Stein!»

«Wenn der Stein aber nun zu trock'n ist, lieber . . .?»
«Mach ihn naß, liebe, liebe Liese, liebe Liese, mach 'n naß!»

«Womit soll ich'n aber naß mach'n, lieber . . .?»
«Mit dem Wass'r, liebe, liebe Liese, liebe Liese, mit 'm Wass'r!»

«Womit soll ich denn das Wass'r holen, lieber . . .?»
«Mit dem Topp, liebe, liebe Liese, liebe Liese, mit 'm Topp!»
(Und jetzt kann man wieder mit der 1. Strophe beginnen.)

Wir können aber auch einen Reim aufsagen, wie «Der Herr der schickt den Jockel aus» oder «Wiedewiedewenne heißt meine Puthenne» oder etwas ähnliches. Es muß übrigens nicht immer ein althergebrachter Vers sein! Nichts hindert uns daran, uns auch etwas von der modernen Dichtung anzueignen oder unsere Reime selbst zu schmieden!

Worte wirken ablenkend. Sie können ein unruhiges Kind im Wartezimmer so beschäftigen, daß man es nicht ermahnen muß. Ein Fingerspiel bewirkt, daß das Zweijährige beim Nagelschneiden stillsitzt.

Vielleicht ist es nur eine Ausrede, daß wir nie «Zeit haben», etwas auswendig zu lernen. Wie oft stehen wir in einer Schlange und warten auf den Bus, am Telefonhäuschen, im Geschäft an der Kasse? Da könnten wir ja ein Zettelchen mit einem Reim hervorholen; oder warum tun wir nicht einmal dasselbe, wenn wir uns im Bett wälzen und nicht einschlafen können?

Kniereiter

Hoppe, hoppe, Reiter,
wenn er fällt, dann schreit er.
Fällt er in den Graben,
fressen ihn die Raben.
Fällt er in den Sumpf,
macht der kleine Reiter – plumps!

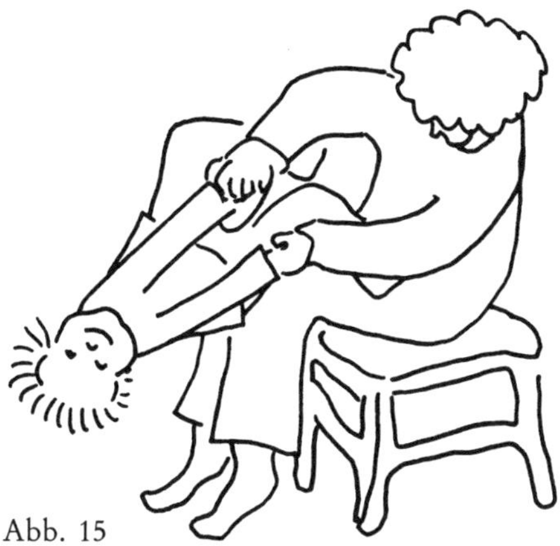

Abb. 15

Hopp, hopp, hopp,
Pferdchen lauf Galopp
über Stock und über Steine,
brich dir aber nicht die Beine.
Hopp, hopp, hopp,
Pferdchen lauf Galopp.

So reiten die Herren, auf ihren stolzen Pferden:
zuck zuck, zuck zuck, zuck zuck!
So reiten die Jüfferchen
mit ihren spitzen Tüfferchen:
tripp trapp, tripp trapp, tripp trapp!

So reiten die Bauern,
die Humpels, die Pumpels:
truf truf, truf truf, truf truf!
So reiten die Husaren:
klabaster, klabaster, klabaster!

Wiegenlieder

Schlaf, Kindchen schlaf,
am Himmel ziehn die Schaf,
die Sterne sind die Lämmerlein,
der Mond, der ist das Schäferlein.
Schlaf, Kindchen schlaf!

Schlaf, Kindchen, schlaf!
Dein Vater hüt' die Schaf.
Deine Mutter schüttelt's Bäumelein,
da fällt herab ein Träumelein.
Schlaf, Kindchen, schlaf!

Eia popeia, was raschelt im Stroh?
Die Gänslein gehn barfuß
und haben kein' Schuh.
Der Schuster hat's Leder,
kein Leisten dazu:
Kann er den Gänslein
auch machen kein' Schuh.

Guten Abend, gut' Nacht,
mit Rosen bedacht,
mit Näglein besteckt,
schlüpf unter die Deck!
Morgen früh, wenn Gott will,
wirst du wieder geweckt.

Schlaf, Herzli, schlaf,
schlaf, mein kleiner Graf,
bis der Hahn am Morgen früh
lustig ruft sein Güggehü!
Schlafe, schlafe sieben Stund,
bis der Vater wieder kummt.
Vater ist in Wald gegangen,
will dem Kind ein Vöglein fangen.
Schlaf, Herzli, schlaf,
dann wirst du groß und brav.

Für die Kleinsten

Da läuft ein Weglein,
da springt ein Häslein.
Der hat's geschossen,
der hat's gewaschen,
der hat's gebraten,
der hat den Tisch gedeckt,
und der kleine Biribinker
hat den Teller ausgeschleckt.

(Man fährt dabei mit dem Finger auf den Handlinien des Kindes entlang und berührt dann nacheinander seine Fingerchen, mit dem Daumen beginnend bei «Der hat's geschossen».)

Das ist der Daumen,
der schüttelt die Pflaumen,
der liest sie auf,
der trägt sie heim
und der kleine Bix ißt sie ganz allein.

(Diese Reime sind beim Nägelschneiden sehr gut zu gebrauchen!)

Zienchen,
Bienchen,
Erbschen,
Bärbchen,
plumpst in den Bach.

(Die fünf Zehen. Man fängt beim kleinen Zeh an.)

Es kommt ein Mann aus Siebenbürgen
(die Finger spazieren vom Nacken durch das Haar)
klopft an die Tür
(an die Stirn klopfen)
schaut zum Fenster herein
(in die Augen sehen)
jetzt klinkt er die Türe auf
(am Näschen anfassen)
kommt herein und sagt: guten Tag, guten Tag, guten Tag!
(Kinn hinauf- und hinunterklappen)

Kätzchen läuft die Trepp' hinan
hat ein rotes Jäckchen an,
Messerchen an der Seiten.
Wo willst du hinreiten?
Will reiten nach Bulemanns Haus,
will mir holen 'ne fette, fette Maus!
Quiek, quiek, quiek, quiek!

(Mit der Hand am Kind «hochklettern» und bei quiek kitzeln.)

Ohrenwippchen,
Nasenstippchen,
Augenbrämichen,
zupp zupp Härichen.

(Dabei leicht Ohren, Nase, Augenbrauen berühren und am Haar zupfen.)

Fingerspiele

Die Vögel

Auf einem Stein sitzen zwei Vögelein
und nicken und picken,
das eine heißt Bausch,
das andre heißt Bogen.
Paß auf!
Jetzt sind sie weggeflogen.
Komm wieder her, Bausch!
Komm wieder her, Bogen!

Bausch und Bogen sind da — Bausch und Bogen sind weg

Abb. 16

Die Nägel des Zeigefingers werden rot angemalt, oder man feuchtet kleine Stückchen Seidenpapier an und drückt sie auf die Nägel. Das sind die Vögel, die auf die Tischkante picken, während die ersten Zeilen aufgesagt werden. Bei «paß auf!» hebt man die Hände hoch hinter den Kopf, wechselt schnell die Finger und schlägt mit den «leeren» Mittelfingern auf die Tischkante. Dann kommen die Vögel wieder geflogen.

Grüß Gott, grüß Gott, was wollen Sie?
Zucker und Kaffee.
Da haben Sie's, da haben Sie's.
Adje, adje, adje.
So warten's doch, so warten's doch,
Sie kriegen noch was raus!

Behalten Sie's, behalten Sie's,
wir müssen jetzt nach Haus.

Ein Häuschen aus beiden Händen ist der Laden, ein Zeigefinger die Theke. Die Daumen sind die Kundschaft, ein kleiner Finger ist der Kaufmann.

Bulleri Bulleri Bock
Wie viele Hörner stehn hoch?

(Man spaziert mit den Fingern über den Rücken des Kindes. Bei «hoch» drückt man mit ein paar Fingern auf den Rücken, das Kind soll die Anzahl der Finger raten.)

Du sagtest drei, es waren zwei, Bulleri Bulleri Bock.

(Wenn das Kind richtig geraten hat, werden die Rollen getauscht.)

Kletterbüblein

Steigt das Büblein auf den Baum,
ei, so hoch, man sieht es kaum.
Schlüpft von Ast zu Ästchen,
hüpft zum Vogelnestchen.
Ui! da lacht es,
hui! da kracht es –
plumps, da liegt es drunten.

(Friedrich Güll)

(Beim Aufsagen des Gedichtes klettert man mit der einen Hand am anderen Arm vom Ellbogen aus zur Hand hinauf, dann von Finger zu Finger und schließlich fällt die Kletterhand hinunter.)

Beim Essen

Fünf Engel haben gesungen,
fünf Engel kommen gesprungen.

Der erste bläst das Feuer an,
der andere stellt das Pfännchen dran,
der dritte schüttelt's Süppchen 'nein,
der vierte tut brav Zucker drein,
der fünfte sagt: «'s ist angericht't,
iß, mein Kindchen, brenn dich nicht.»

Erde, die uns dies gebracht,
Sonne, die es reif gemacht,
liebe Sonne, liebe Erde,
euer nie vergessen werde.
(Christian Morgenstern)

Verschiedenes

Fiedelhänschen, geig einmal,
unser Kind will tanzen,
hat ein buntes Röcklein an.
rundherum mit Fransen.

Heile, heile, Gänsche,
's wird schon widder gut!
's Kätzche hat e Schwänzche,
's wird schon widder gut.
Heile, heile, Mausedreck,
in hunnert Jahr is alles weg.

Guten Tag, Herr Montag!
Wie befindet sich der Dienstag?
Sehr wohl, Herr Mittwoch!
Sagt der Jungfer Donnerstag,
daß sie käm am Freitag,
in die Kammer zum Samstag,
bei der Mutter Sonntag!

Spannenlanger Hansel,
nudeldicke Dirn,
gehn wir in den Garten,
schütteln wir die Birn!

Schüttel ich die großen,
schüttelst du die klein';
wenn das Säckchen voll ist,
gehn wir wieder heim.

Lauf doch nicht so närrisch,
spannenlanger Hans,
ich verlier die Birnen
und die Schuh noch ganz.

Trägst ja nur die kleinen,
nudeldicke Dirn,
und ich schlepp den schweren Sack
mit den großen Birn!

Abzählreime

Enige deenige, dittje dattje,
zibberte bibberte, bonig nattje,
zibberte bibberte – buff!

Eins, zwei, Papagei,
drei, vier, Offizier,
fünf, sechs, alte Hex,
sieben, acht, Kaffee gemacht,
neun, zehn, weiter gehn,
elf, zwölf, junge Wölf,
dreizehn, vierzehn, Haselnuß,
fünfzehn, sechzehn, du bist duß.

Ich und du
Müllers Kuh
Müllers Esel
der bist du.

Doktor Bär schickt mich her,
ob der Kaffee fertig wär'.
Nein, mein Kind, du mußt noch warten,
geh solange in den Garten.
Uhre eins, Uhre zwein
muß ich in der Schule sein,
Komm ich nicht zur rechten Zeit,
steht der Stock für mich bereit.
Fragt der Lehrer, wer ich bin:
Ich bin der kleine Eigensinn.
Ax ex u,
weg bist du.

Ong drong dree,
Katterlemmersee,
lemmer si, lemmer so,
die Kapelle Sanktimo,
Sanktimo de Kolibri,
Kolibri de Tepperli,
ong drong dree,
a ree!

Frühling, Sommer, Herbst und Winter

Nun will der Lenz uns grüßen, von Mittag weht es lau;
aus allen Wiesen sprießen, die Blumen rot und blau.
Draus wob die braune Heide, sich ein Gewand gar fein
und lädt im Festtagskleide zum Maientanze ein.

Waldvöglein Lieder singen, wie ihr sie nur begehrt,
drum auf zum frohen Springen, die Reis' ist Goldes wert.
Hei unter grünen Linden, da leuchten weiße Kleid'!
Heija, nun hat uns Kindern ein End' all Wintersleid.

(Altes Reigenlied)

Trarira, der Sommer, der ist da!
Wir woll'n hinaus in'n Garten
und woll'n des Sommers warten!
Ja, ja, ja, der Sommer, der ist da!

Trarira, der Sommer, der ist da!
Wir wollen hinter die Hecken
und woll'n den Sommer wecken.
Ja, ja, ja, der Sommer, der ist da!

Trarira, der Sommer, der ist da!
Der Winter ist zerronnen,
der Sommer hat begonnen.
Ja, ja, ja, der Sommer, der ist da!

(volkstümlich)

Bunt sind schon die Wälder, gelb die Stoppelfelder,
und der Herbst beginnt.
Rote Blätter fallen, graue Nebel wallen,
kühler weht der Wind.
Wie die volle Traube aus dem Rebenlaube
purpurfarbig strahlt!
Am Geländer reifen, Pfirsiche mit Streifen
rot und weiß bemalt.
Flinke Träger springen, und die Mädchen singen,
alles jubelt froh!
Bunte Bänder schweben zwischen hohen Reben
auf dem Hut von Stroh!
Geige tönt und Flöte bei der Abendröte
und im Mondenglanz;
junge Winzerinnen winken und beginnen
frohen Erntetanz.

(Johann Gaudenz von Salis-Seewis)

Der Winter ist ein rechter Mann,
kernfest und auf die Dauer;
sein Fleisch fühlt sich wie Eisen an
und scheut nicht süß noch sauer.

Aus Blumen und aus Vogelsang
weiß er sich nichts zu machen,
haßt warmen Trank und warmen Klang
und alle warmen Sachen.

Wenn Stein und Bein von Frost zerbricht
und Teich und Seen krachen;
das klingt ihm gut, das haßt er nicht,
dann will er tot sich lachen.

Sein Schloß von Eis liegt ganz hinaus
beim Nordpol an dem Strande,
doch hat er auch ein Sommerhaus
im lieben Schweizerlande.

Da ist er denn bald dort, bald hier,
gut Regiment zu führen,
und wenn er durchzieht, stehen wir
und sehn ihn an und frieren.

(Matthias Claudius)

Literatur

Allerleirauh. Viele schöne Kinderreime versammelt von H. M. Enzensberger, Frankfurt 1974.

Das große Liederbuch. 204 deutsche Volkslieder, gesammelt von Anne Diekmann, Zürich 1975.

Ich will euch was erzählen. Deutsche Kinderreime ausgewählt von Anne Gabrisch, Wiesbaden ^{2}1979.

Rhythmen und Reime. Stuttgart ^{3}1981.

Elfriede Pausewang: *Die Unzertrennlichen. Neue Fingerspiele.* 2 Teile, München ^{20}1979, ^{10}1980.

Holz

Bei der Bearbeitung von Holz stößt man häufig auf Schwierigkeiten. Immer wieder kommt es vor, daß ein eigensinniger Ast, eine widerspenstig verlaufende Maserung oder ein plötzlicher Sprung im Material uns die beabsichtigte Formgebung erschweren. Ein routinierter Hobbyschreiner setzt sich erst einmal mit dem zu bearbeitenden Stück Holz hin und sieht es sich von allen Seiten genau an. Er muß nämlich wissen, wie die Maserung verläuft. Dann paßt er seine Pläne den Voraussetzungen des Holzstückes an. Das ist etwas ganz anderes, als weichen, widerstandslosen Ton nach dem eigenen Willen zu formen: Holz verlangt Rücksicht und übt die Geduld. Man darf nicht aufgeben, selbst wenn es so aussieht, als wäre alle Mühe vergeblich gewesen, gerade wenn man sich dem Ende nähert. Es gibt ja Holzleim zum Reparieren!

Wenn man schlechtes Werkzeug hat, macht die Arbeit weniger Spaß. Kinder, die mit einer wackligen Spielsäge, einem stumpfen Messer oder einem mickrigen Hammer arbeiten müssen, werden eine sehr mäßige Begeisterung für Holzarbeiten entwickeln.

Der fünfjährige Peter kann schon sägen und eine Handbohrmaschine handhaben (die nach demselben Prinzip wie ein Handrührgerät mit einem Rädchen gekurbelt wird) und sogar schon eine Bohrwinde, wenn wir ihm ein bißchen helfen und oben drücken.

Sägeblatt zum Sägen in Querrichtung der Holzfasern.

Abb. 17 Blatt zum Sägen in Längsrichtung der Fasern.

Wenn Peter ein Brett zersägen soll, bekommt er dazu die Kombisäge mit dem richtigen Blatt. Auch eine Säge muß gut behandelt werden, wenn sie halten soll, also nie damit Holz sägen, in dem Nägel stecken!

Vorsicht! Der Tisch!

Abb. 18 Es gibt spezielle Sägetischchen aus Holz zum Schutz des Tisches.

Eine Laubsäge mit verschiedenen Sägeblättern ist für feinere Arbeiten geeignet, z. B. um ein Puzzle aus Sperrholz zu sägen. Es ist wichtig, die Säge immer genau rechtwinklig zur Oberfläche des zu bearbeitenden Materials zu führen.

Ein Sechsjähriger kann mit dem Messer schnitzen. Man zeigt ihm, wie das Messer gehalten wird, und vor allen Dingen, daß man nicht zu sich hin, sondern immer von sich weg schnitzt. Während der Arbeit sitzt man auf seinem Platz und steckt das Messer ins Futteral zurück, ehe man wieder aufsteht. Keiner darf in die Nähe des eifrigen Schnitzers kommen!

Das Fahrtenmesser soll scharf sein. Wenn man einen Abziehstein kauft, läßt man sich gleich im Geschäft zeigen, wie ein Messer darauf abgezogen wird.

Kindern sollte man nur ein Messer mit Parierstange geben, damit die Finger nicht auf die Klinge herabgleiten können. Der ältere und geübte Schnitzer wird meist ein Messer ohne Parierstange vorziehen.

Einen Schraubenzieher oder besser noch einen Satz Schraubenzieher sollte es in jedem Werkzeugkasten geben. Zum Schrauben benutzt man immer den größtmöglichen Schraubenzieher für den jeweiligen Schraubenkopf, weil man damit die meiste Kraft hat. Holzschrauben sind im allgemeinen unten spitz, es gibt aber auch solche mit dazugehöriger Mutter, die unten platt sind.

Weiterhin braucht man eine solide Kneifzange zum Herausziehen von Nägeln und eine Kombizange zum Abknipsen von Draht.

Nötig sind auch Raspel, Feile und Schleifpapier, um die Oberfläche des Holzes glätten zu können. Eine noch rauhe Holzfläche wird nie gleich mit Schleifpapier bearbeitet, sondern man nimmt erst eine Raspel (es gibt viele sehr effektive hobelförmige Modelle), dann die Feile und erst zuletzt, wenn die Arbeit schon einen ziemlich glatten und fertigen Eindruck macht, kommt das Schleifpapier an die Reihe.

Wenn Wasser auf die blanke Holzoberfläche kommt, stellen sich die Holzfasern auf, und die Oberfläche wird rauh. (Oftmals feuchtet man absichtlich die fertige Arbeit an und bearbeitet sie noch einmal mit Schleifpapier, damit das Holz immer schön glatt bleibt.)

Das Hobeln ist für kleinere Kinder noch zu schwierig. Man sollte damit warten, bis sie in die Schule kommen.

Alles Werkzeug hat seinen bestimmten Platz im Kasten oder im Schrank. Aus einem langen Lederriemen kann man praktische Schlaufen knüpfen, in die man das Werkzeug zur Verwahrung einhängt.

Wer früh lernt, sein Werkzeug in Schuß zu halten und richtig damit umzugehen, braucht sich bei der Benutzung nicht unsicher zu fühlen. Mit stumpfem, minderwertigem Werkzeug dagegen passiert eher ein Unglück.

Jedes Holz eignet sich zur Verarbeitung, aber jede Sorte hat ihre speziellen Eigenschaften. Am weichsten ist Balsaholz. Um es zu bearbeiten, benutzt man dünne, scharfe Modellmesser. Es ist teuer und eignet sich am besten für den Bau von kleineren Modellen. Fichtenholz ist ziemlich weich, kann aber eine härtere und dunklere Maserung haben (im Gegensatz zur Tanne). Will man haltbare Löffel oder sonstige Schnitzereien anfertigen, benutzt man gern Wacholder, Wildapfel oder Kirschbaum dazu. Birke und Eiche sind zwar widerspenstig, aber es macht viel Freude, mit dem Hohleisen und dem Holzhammer daran zu arbeiten.

Da frisches Holz leicht springt, wenn es in die Wärme kommt, muß es erst eine Weile bei kühler Temperatur gelagert werden, um zu trocknen.

Ringfänger

Material: Ein oder zwei große hölzerne Gardinenringe, eine geschmeidige Schnur, 50 cm lang, ein Ast von ca. 25 cm, der nur so dick sein darf, daß man ihn durch den Gardinenring ziehen kann. Bitte nur trockenes, gelagertes Holz verwenden! Fahrtenmesser.

Die obere Hälfte des Astes wird schmaler geschnitzt und die Spitze abgestumpft. Den Griff kann man mit in die Rinde geschnittenen Ringen verzieren. Das eine Schnurende wird unten am Griff festgeknotet, das andere am Ring.

Abb. 19

Nun den Ring in die Höhe werfen und versuchen, ihn mit der Spitze des Astes zu fangen!

Mundharmonika

Material: Drei breite Gummiringe. Zwei Stückchen Holz, 8 cm lang und ungefähr 1,5 × 0,7 cm dick. Säge, Messer, Feile.

In die Längsseiten der beiden Hölzchen werden längliche Vertiefungen geschnitzt, so daß diese zusammen einen Zwischenraum ergeben, wenn man sie aneinanderlegt. Dann werden die Stücke solange mit Messer und Feile bearbeitet, bis sie gleich sind. Man legt einen

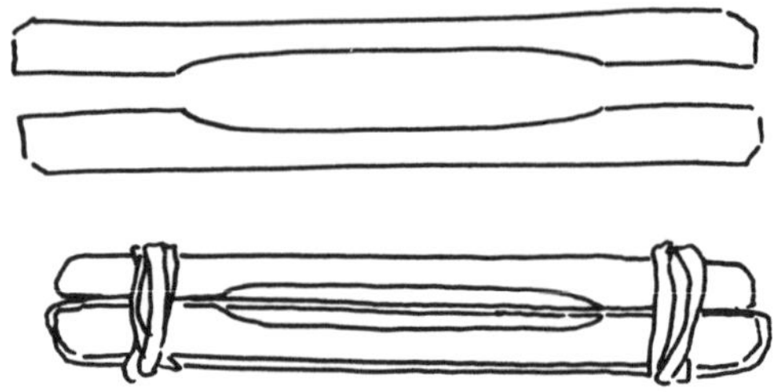

Abb. 20

Gummiring der Länge nach um das eine Holzstück herum. Das ist die vibrierende Membrane. Nun werden die beiden Holzstücke fest miteinander verbunden, indem man einen Gummi um jedes Ende wickelt. Man kann auch vorher die Enden etwas einkerben, damit die Gummis nicht abrutschen können.

Und jetzt kann darauf gespielt werden!

Garnrollenrenner

Material: Leere Garnrolle aus Holz. Dicker Gummiring, kleiner Kerzenstummel oder große Holzperle, Reißnagel. Flaches Holzstückchen, z. B. von Eis am Stiel. Messer und Bohrer.

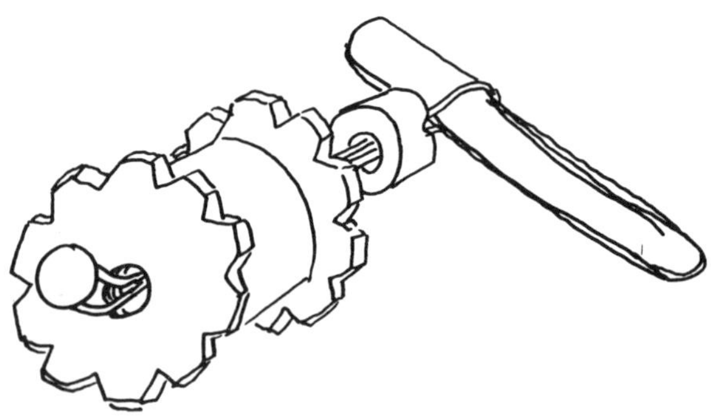

Abb. 21

In die Kanten der Fadenrolle werden mit dem Messer Kerben wie bei Traktorreifen geschnitzt. Der Kerzenstummel wird durchbohrt, worauf man den Gummiring mit der Heftzwecke an der einen platten Außenseite der Fadenrolle befestigt und ihn dann durch die Rolle und durch den Kerzenstummel (oder die Perle) zieht. Das Hölzchen wird durch die Gummischlinge gesteckt und dann so lange gedreht, bis der Gummi die nötige Spannung hat. Dann die Rolle vorsichtig auf einen Teppich oder eine andere ebene, aber nicht zu glatte Unterlage stellen – und schon geht's los!

Der Kerzenstummel oder die Perle bewirkt, daß sich die Rolle besser dreht, da das Hölzchen nicht daran schabt.

Kreisel

Material: Ein scheibenförmiges Holzrad von 5 cm Durchmesser, in der Mitte durchbohrt. Kurzes rundes Holzstäbchen, ca. 5 cm lang, so dick, daß es im Loch im Rad festgesteckt werden kann. Messer und Leim.

Das eine Ende des Stäbchens wird angespitzt. Das Stäbchen in das Loch im Rad stecken und so festleimen, daß der untere, angespitzte Teil kürzer ist als der obere, wo man anfaßt. (Wenn das Stäbchen nicht im Loch festsitzen will, kann man es an der Stelle, wo das Rad sitzen soll, mit etwas Bindfaden umwickeln und wieder festleimen.) Den Kreisel bunt anmalen!

Kleines Rennboot

Material: Kleines Brett, ca. 7 × 15 cm. Ein Stückchen Furnier, 2 × 5 cm, drei Gummiringe. Laubsäge, Messer.

Abb. 22

Das kleine Brett wird am Bug spitz zugesägt. Am Heck sägt man ein Stück von ca. 5 cm Tiefe und 4 cm Breite heraus. Die beiden Heckflossen, die stehenbleiben, werden rundherum ein wenig eingekerbt, damit die Gummis festsitzen. Ein Gummiring wird fest um die Mitte des Furnierstückchens gewunden. Auf jeder Seite einen Gummi durch den ersten Gummi fädeln und daran das Furnierstückchen in der Mitte der Ausbuchtung am Heck befestigen. Diese «Schiffsschraube» aufziehen und das Bötchen kann im Wasser fahren!

Bauklötze

Material: Abfallstücke vom Schreiner, von einem Holzlager oder Sägewerk. Man kann aber auch Treibholz, interessant gewundene Äste oder knorrige Stümpfe nehmen. Säge, Raspel, Feile, Schleifpapier, Leinöl und Terpentin, Wasserfarben.

Das Holz zu Bauklötzen in alle möglichen Formen zersägen. Diese Arbeit eignet sich vorzüglich für größere Kinder.

Es dauert länger, als man glaubt, alle Seiten gerade und glatt zu feilen. Die Klötze mit Wasserfarben bemalen und dann mit einer Mischung aus 1 Teil Öl und 1 Teil Terpentin einölen.

Wenn man gern farbechte Bauklötze haben möchte, muß man sie mit Klarlack streichen, den es auch giftfrei gibt. (Vorsicht! Mit Leinöl getränkte Lappen können sich selbst entzünden und sollten deshalb gleich vernichtet werden.)

Autos, Schiffe, Tierfiguren

Autos, Schiffe, Tierfiguren und vieles andere kann man aus kleinen Holzstücken zusammenleimen, -schrauben, -nageln oder auch schnitzen. Für Kinder ist im allgemeinen das Größenverhältnis Nebensache. Je einfacher die nur angedeuteten Formen sind, desto phantasieanregender wirken sie.

Fertige Räder aus Holz sollte Ihr Spielzeughändler vorrätig haben. Im Notfall kann man sie natürlich auch selbst machen.

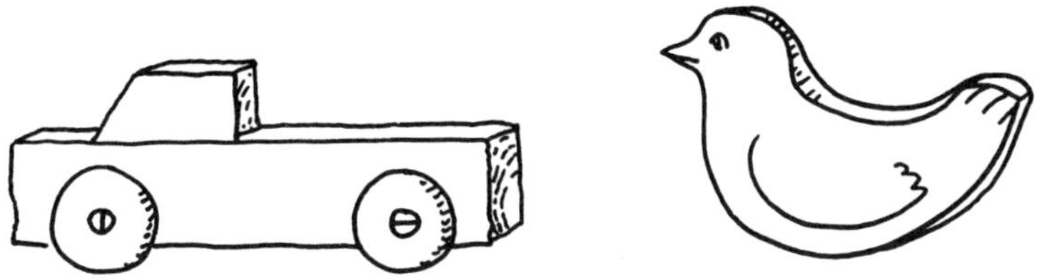

Abb. 23

Laubsägefiguren

Material: Sperrholzplatte, Laubsägetischchen, Wasserfarben, Leinöl oder Klarlack. Feile, Laubsäge, Schraubzwinge, Bohrer.

Abb. 24

Zuerst wird die Sperrholzplatte mit einer Zwinge festgeschraubt. Die Vorderkante der Sperrholzplatte, die bearbeitet werden soll, muß unbedingt über die Tischkante herausragen, sonst gibt es ein Unglück!

Am besten setzt man sich in die Hocke und hält die Säge bei der Arbeit senkrecht. Natürlich ist es von Vorteil, wenn man die Figuren erst aufzeichnet, aber man versuche auch einmal, ohne Muster frei zu sägen! Kanten abfeilen, Figuren bemalen und lackieren oder nur einölen.

Vorschläge zu Laubsägearbeiten: Engel für den Weihnachtsbaum, Märchenfiguren und Tiere zum Aufhängen, Adventskalender mit 24 Fensterchen, hinter die Bilder geklebt werden.

Weitere Möglichkeiten: Hampelmann, Mobile.

Brettspiele

Käsekästchen als Brettspiel

Material: Ein quadratisches Brett, z. B. 15×15 cm. Murmeln aus Ton in zwei verschiedenen Farben. Bohrer, Lineal.

Man beginnt damit, das Brett mit Lineal und Bleistift so einzuteilen, daß man Löcher im gleichen Abstand voneinander bohren kann. Sie sollen aber nicht so nah aneinanderliegen, daß man die Murmeln in den Löchern daneben berührt, wenn man eine herausnimmt. Die Löcher dürfen natürlich nicht so groß sein, daß die Murmeln hindurchrutschen können, weshalb es am besten ist, statt der Löcher einfach nur Vertiefungen in das Brett zu bohren.

Nun legen zwei Spieler abwechselnd jeder eine Murmel in seiner Farbe. Wer zuerst fünf in einer Reihe (auch die Diagonalen zählen als Reihen) hat, gewinnt.

Kugelspiel

Material: Quadratisches Brett wie oben. 16 stabile Holzstäbchen, etwa 15 cm lang. 64 Holzperlen, die leicht auf die Stäbchen gesteckt werden können. 32, also die Hälfte der Perlen, sollen andersfarbig sein. Leim, Bohrer.

Abb. 25

Man bohrt 16 Löcher in gleichem Abstand voneinander, der etwas größer sein soll, als der Durchmesser einer Holzperle. Die 16 Stäbchen sollen in vier Reihen mit je vier Stäbchen stehen, sie werden festgeleimt. Auf jedes Stäbchen sollen vier Perlkugeln gesteckt werden können.

So wird gespielt: Zwei Spieler stecken abwechselnd jeder eine Kugel in seiner Farbe beliebig auf die Stäbchen. Wer zuerst eine Reihe von vier Kugeln in seiner Farbe hat, gewinnt. Dabei heißt es aufpassen, denn die Reihe kann senkrecht, waagrecht oder diagonal in alle Richtungen verlaufen!

Dieses Spiel macht Kindern ab sechs Jahren Spaß.

Pfahlpingpong für draußen

Material: Eine Stange von zwei Metern Länge (Rundholz, Dreiecksleiste oder dgl.). Eine Schnur von derselben Länge wie die Stange.

Ein Stück Stoff, in den der Ball (z. B. ein Tennisball) eingeknotet wird. Zwei Schlaghölzer; Tischtennisschläger oder einfach längliche Brettchen.

Zuerst wird der hölzerne Pfahl in die Erde gerammt. Das eine Ende der Schnur wird oben um den Pfahl gebunden, am anderen Ende bindet man den Ball fest.

Die beiden Spieler schlagen abwechselnd, so daß der Ball die Schnur um den Pfahl wickelt. Dieses Spiel verlangt Zusammenarbeit statt Konkurrenz.

Abb. 26

Stelzen

Material: Zwei kräftige, gerade Holzstangen, ca. 1,80 m lang und ungefähr 3,5 × 3,5 cm dick, zwei oder vier Trittklötze, 10 cm breit, 20 cm lang und 3,5 cm dick. Etwa 7 cm lange Schrauben, zwei Stück pro Trittklotz. Bohrer, Säge, Feile.

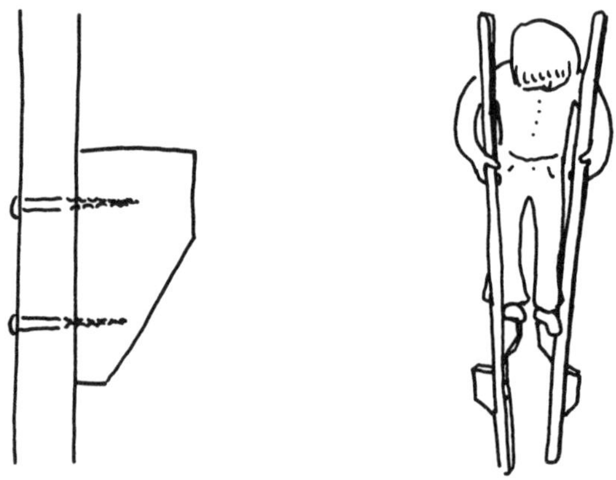

Abb. 27

Die Trittklötze werden mit der Säge unten etwas abgeschrägt. Dann bohrt man in die Stangen Löcher, bei beiden Stangen in gleicher Höhe, z. B. ca. 25 und 50 cm vom unteren Ende entfernt, und schraubt die Trittklötze fest, wobei man darauf achten muß, daß die Schrauben auch ein gutes Stück in den Trittklotz hineinreichen. Die Stelzen können noch glattgefeilt und gestrichen, lackiert oder eingeölt werden.

Seifenkistenrenner

Material: Von einem alten Kinderwagen sägt man die Räder mit der Metallsäge ab. Eine Alternative, die allerdings teurer wird, ist, vier Räder bei einem Spezialgeschäft oder -versand zu bestellen.

Ca. 4–5 cm dicke, stabile Bretter. Das Mittelbrett soll 20 cm breit und 1,20 m lang sein. Zwei weitere Bretter von 10 cm Breite und 75 bzw. 60 cm Länge. Ein viertes Brett, das einen halben Meter lang ist, zersägt man in zwei Dreiecke, die die Stützen für die Rückenlehne bilden. Außerdem noch ein paar dünnere Bretter.

Verzinkte Schrauben oder Nägel, ein grober Bolzen mit Mutter, drei Unterlegscheiben, wasserfester Leim, Säge, Bohrer, Hammer und Schraubenzieher.

Werden die Räder eines Kinderwagens verwendet, so muß man Löcher in die Stangen bohren, an denen die Räder festsitzen, damit die Räder an den Achsenbrettern festgeschraubt werden können. Notfalls kann man die Löcher in einer Werkstatt bohren lassen. Die Räder festschrauben und auf der oberen Seite des Brettes mit Muttern befestigen.

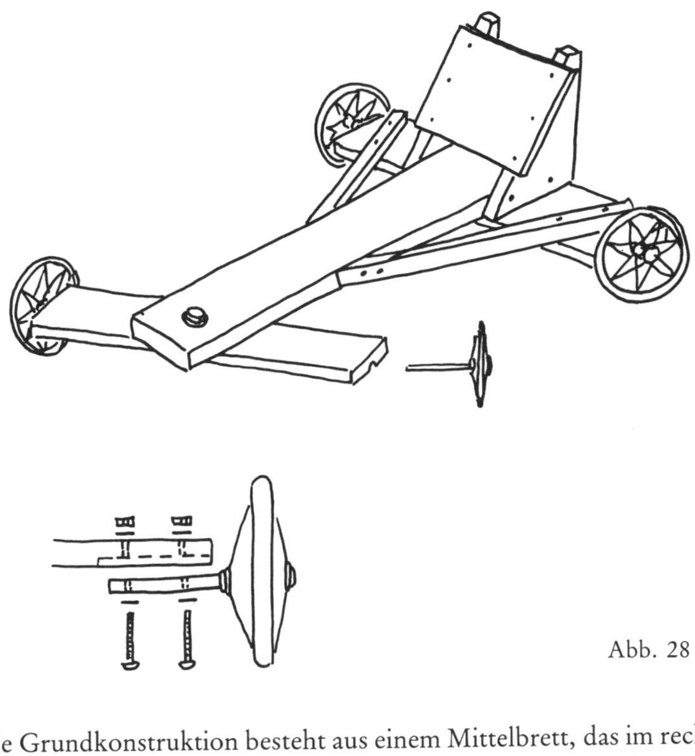

Abb. 28

Die Grundkonstruktion besteht aus einem Mittelbrett, das im rechten Winkel auf zwei Querbrettern ruht, von denen das vordere etwas länger als das hintere ist. Das Brett, an dem die Vorderräder sitzen, ist beweglich, so daß man im Sitzen mit den Füßen lenken kann. Es wird befestigt, indem man den Bolzen durch vorgebohrte Löcher steckt und jeweils eine Unterlegscheibe zwischen Bolzenkopf und Brett, zwischen die beiden Bretter und zwischen Brett und Mutter legt. Dann ist das Ganze beweglich, selbst wenn das Holz feucht und etwas gequollen ist. Das hintere Querbrett wird unter das Mittelbrett geleimt bzw. geschraubt. Man kann schrägstehende Latten festnageln, an denen man sich beim Fahren festhält.

Die Rückenlehne besteht aus kräftigen dreieckigen Holzstücken, an denen ein Brett oder ein paar Latten festgenagelt werden.

Wenn man außerdem noch einige Löcher in den vorderen Teil des Sitzbrettes bohrt, kann die Position des Lenkbretts der Beinlänge des Fahrers angepaßt werden.

Achtung! Man soll nicht mit ganz ausgestreckten Beinen fahren, weil das bei einem eventuellen Zusammenstoß gefährlich ist. Also: die Beine sollen immer angewinkelt sein! Man kann das Auto auch mit einem Strick lenken, der an den Enden des Vorderbretts festgebunden wird.

Wer Lust hat, kann sein Auto mit Motorhaube und anderen Finessen versehen. Mit solch einem Auto dürfen Kinder selbstverständlich nicht dort bergab fahren, wo Verkehr ist. Sie sind nämlich leicht zu übersehen, da sie sehr niedrig sitzen, außerdem erreicht man mit der Seifenkiste ziemliche Geschwindigkeit. So ein Renner ist selbstverständlich nichts für kleine Kinder und überhaupt ist Vorsicht am Platz. (Die Idee zu diesem Modell ist dem Buch «Bygga, snickra, måla forma med barnen» von Hallgren & Mårtensson, Wahlström & Widstrand 1976, entnommen.)

Literatur

Anke U. Clausen, Martin Riedel: *Plastisches Gestalten in Holz* mit der dazugehörigen Baumkunde. Methodisches Arbeitsbuch, Band 3. Stuttgart ^{2}1979.

Hans P. Maisenbach: *Werken und Basteln mit Holz.* München 1974.

Christopher Jarman: *Holzarbeiten für Kinder.* Bonn 1979.

Günther Voss: *Knauers Bastelbuch.*

Karlheinz Flau: *Die Dreiheit im Jahreslauf.* Ein Werkbuch zur Festesgestaltung. Stuttgart 1983.

Roland Göök: *Die perfekte Heimwerkstatt.* München 1978.

Märchen und Erzählungen

Mit dem Wort Märchen bezeichnen wir uralte, anfänglich mündlich überlieferte, epische Volksdichtung. Erzählungen, die im 19. und 20. Jahrhundert entstanden, werden oft Kunstmärchen genannt. Ihnen fehlt meistens die tiefe Weisheit und Bildhaftigkeit der älteren Märchen, und sie enden bisweilen unglücklich, was bei traditionellen Märchen kaum vorkommt.

Man findet in den Buchhandlungen eine Unzahl von Sachbüchern und realistische Alltagsschilderungen für Kinder im Vorschulalter. Meiner Ansicht nach sind solche Bücher für so kleine Kinder überflüssig. Sachbücher haben ihren rechtmäßigen Platz in der Schule, und den Alltag sollten die Kinder, meine ich, täglich selbst erleben.

Gegen Sachbücher und Fotobilderbücher werden also hier in vieler Hinsicht dieselben Kritikpunkte geäußert, die auch gegen das Fernsehen für Kinder geltend gemacht wurden.

«Die Absicht, die mit dem Sachbilderbuch verfolgt wird, basiert auf dem grundlegenden Irrtum, daß Kinder genauso denken wie Erwachsene und sich ihr Wissen auf die gleiche Weise aneignen wie wir. Das tun Kinder jedoch nicht. Noch bedenklicher ist womöglich unser Glaube, die Fragen des Kindes gälten derselben Art von Wissen wie die der Erwachsenen», stellt Ulla Rhedin-Hammar in einem Artikel in Dagens Nyheter (7. 6. 1980) fest.

Fragen Kinder nicht nach ganz anderen Dingen als nach dem Fortschritt der Technik? Suchen sie nicht Antworten, die auf einer ganz anderen Ebene liegen?

Das Kind von fünf Jahren beschäftigt sich intensiv mit den großen existentiellen Fragen. Wenn wir ihm nichts anderes als materialistisch orientierte Lektüre in die Hand geben, treiben wir es damit geradewegs in die Welt der Scheinwerte des Konsumfetischismus hinein, durch die der Alltag heute so stark geprägt ist.

Die Prinzessin und das halbe Königreich

Die echten Märchen, Mythen und Legenden lehren das Kind und auch den Erwachsenen viel Lebensweisheit, ohne zu moralisieren.

Märchen können zum Beispiel mit drastischem Witz und trockener Sachlichkeit schildern, wie es dem ergeht, der seinen Schwächen nachgibt. Der Prahlhans, der nicht weiter als bis zum nächsten Wirtshaus kommt, gewinnt ganz sicher nicht die Prinzessin. Dem dagegen, der sich trotz seiner Veranlagung zur Bequemlichkeit anstrengt, seine Faulheit zu überwinden, und auszieht, um die Probe zu bestehen, die der König (unser höheres Ich) stellt, dem gelingt es.

Daß er die Prinzessin für sich gewinnt, hat nichts mit royalistischer Propaganda zu tun, sondern ist ein Gleichnis für die Vereinigung der Seele und des Geistes im Menschen.

In dem schönen Märchen von den Hasen des Königs begegnen die Jünglinge einer nach dem anderen einem alten Weiblein im Walde. Die beiden älteren sind ihr gegenüber schroff, während der dritte sein Vesperbrot mit ihr teilt und sie «liebes Mütterchen» nennt. Als Belohnung schenkt sie ihm ein verzaubertes Pfeifchen, womit er die Hasen zu sich lockt und die Prinzessin gewinnt.

Das alte Weiblein symbolisiert die abgeklärte Weisheit, die wir Menschen uns während vieler Jahrhunderte angeeignet haben. Wenn wir dieses uralte Erbe ehren und uns durch innere Entwicklung bemühen, daran teilzuhaben, dann ergeht es uns – so das Märchen – wohl.

Selbst wenn der Erzähler den verborgenen Sinn das Märchens nicht versteht, kann es großen Eindruck auf das Kind ausüben. Es schenkt Trost, wenn man oft hören darf, wie das Gute in uns das Böse besiegt. Das gilt natürlich unter der Voraussetzung, daß der Erwachsene nicht dabei die Nase rümpft, geziert spricht oder Zwischenbemerkungen analysierender Art macht.

Das Märchen soll direkt zum Kind sprechen. Der Erzähler mit seiner normalen Stimme ist nur der Vermittler.

Wenn man sich über ein Märchen im Zweifel ist, sollte man es lieber nicht erzählen. Auch zwinge man sich nicht dazu, ein Märchen nach dem anderen mit müder und schleppender Stimme vorzulesen. *Ein* Märchen am Tag genügt! Das Kind im Vorschulalter schätzt es sehr, wenn es mehrere Tage, ja vielleicht sogar Wochen, dasselbe Märchen erzählt bekommt.

Wie man die Kunst des Erzählens übt

Die Fähigkeit, Märchen eindrucksvoll zu erzählen, kann geübt werden. Man kann mit Kindheitserinnerungen anfangen und geht dann über zu kurzen Geschichten, die beispielsweise davon handeln können, was wir draußen auf dem Hof erlebt haben oder was Peters Teddy heute gemacht hat und wer nachts die Krümel von Peters Wurstbrot aufißt.

Wir können auch ein spannendes Buch nacherzählen, das wir gerade selbst lesen, müssen aber daran denken, uns in der Wortwahl dem Kinde anzupassen. Eine andere Möglichkeit ist, slapstickartige Kettenreaktionen auszudenken; z. B. so: «Eines Tages bekam ich ein Stückchen Kartoffel in die falsche Kehle und mußte husten. Die Kartoffel flog in hohem Bogen heraus und traf die Katze, die mit einem Sprung auf dem Fensterbrett war, wo sie einen Blumentopf umwarf, der hinunter in den Hof fiel, direkt vor die Nase eines Hundes, der . . . usw. usw.»

Aber Sie müssen sich alles genau merken, denn das Kind möchte die Geschichte sicher gleich noch einmal hören!

Innere Bilder

Versuchen Sie, auch was Bücher und Märchen anbelangt, zwischen Ihrer eigenen Welt und der des Kindes eine Verbindung herzustellen. Das kann man, indem man einmal in der Woche oder an bestimmten Feiertagen die ganze Familie abends zum Märchenerzählen versammelt.

Es gibt spannende Bücher, die sich Teenager und Erwachsene gegenseitig laut vorlesen können, wie z. B. «Momo» oder «Die unendliche Geschichte» von Michael Ende oder die Bücher von Lisa Tetzner oder Kurt Held. Für kleinere Kinder eignet sich zum Vorlesen A. Milnes «Puh der Bär», H. Laftings Doktor Dolittle-Bücher oder Laura Ingalls-Wilders Laura-Bücher. Am besten ist, wenn wir üben, innere Bilder hervorzurufen, wozu sich besonders Märchenbücher ohne Illustrationen eignen. Aber natürlich sind auch Bilderbücher erlaubt.

Was für verschiedene Altersstufen geeignet ist

Lieder und Reime eignen sich für jedes Alter!

Das Kleinkind, das mit dem ersten Bilderbuch beglückt wird, braucht eigentlich noch gar keins! Natürlich kann man ihm ruhig ein unempfindliches Buch in die Hand geben, denn es macht ihm Spaß, damit den Erwachsenen beim Lesen nachzuahmen . . .

Drei- bis Fünfjährige begeistern sich für drollige Erzählungen, kurze Tiergeschichten und lustige Reime.

Hier einige Märchen und kurze Geschichten, die sich für dieses Alter eignen:

Hänschen Apfelkern	(aus «Hänschen Apfelkern»)
Die drei Bären	
Maschenka und der Bär	(aus «Kleine Märchen
Das Bergmännlein	und Geschichten»)
Das weiße Rößlein	
Das Böckchen Brüse	
Der Wolf und die sieben Geißlein	(aus «Grimms Märchen»)
Frau Holle	
Sterntaler	

Sechsjährige und ältere Kinder schätzen richtige Märchen, die im allgemeinen etwas länger sind.

Aus den Märchen der Brüder Grimm kann man zum Beispiel folgende wählen:

Jorinde und Joringel
Schneeweißchen und Rosenrot
Aschenputtel

Tischlein deck dich
Dornröschen
Schneewittchen
Der goldene Vogel
Der Teufel mit den drei goldenen Haaren
Der gestiefelte Kater
Die sechs Schwäne
Rotkäppchen und der Wolf

Literatur

Märchen und Sagen:
Märchen der Brüder Grimm
Kleine Märchen und Geschichten zum Erzählen und für Puppenspiele. Stuttgart [4]1982.
Hänschen Apfelkern. Kleine Märchen und Geschichten zum Erzählen und Spielen. Stuttgart 1983.
Die Märchen der Weltliteratur. Zahlreiche Bände, Düsseldorf/Köln.
Dan Lindholm: *Die Stimme der Felswand.* Natursagen, Märchen und Schwänke aus Norwegen. Stuttgart [2]1980 (ab 7 J.).
Brüder Grimm: *Deutsche Sagen.*
Gustav Schwab: *Sagen des klassischen Altertums.* 3 Bände, Frankfurt 1975.
Götterschicksal – Menschenwerden. Aus der Edda nacherzählt von Dan Lindholm. Stuttgart [4]1982 (ab 10 J.).
Heinz Ritter: *Sagen der Völker.* Stuttgart [3]1976 (ab 9 J.).

Über Märchen:
Friedel Lenz: *Bildsprache der Märchen.* Stuttgart 1971.
Rudolf Meyer: *Die Weisheit der deutschen Volksmärchen.* Stuttgart 1981.
Bruno Bettelheim: *Kinder brauchen Märchen.* Stuttgart 1979.

Wolle, Wollgarn und Gestricktes

Die ursprüngliche Bedeutung des Wortes Wolle ist wahrscheinlich «rupfen», «zupfen». Wir «rupfen» den Schafen mit der Schere die Wolle vom Leib!

Heute werden die Schafe kaum noch manuell mit der Schere geschoren, sondern mit der Maschine. Im Handumdrehen ist das ganze Fell in einem Stück abrasiert.

Die Wolle wird sorgfältig der Qualität nach sortiert. Die beste und sauberste Wolle kommt von den Seiten des Tieres, während die Bauchwolle und die an den Beinen schmutziger ist.

In Schweden ist das gotländische Pelzschaf am meisten verbreitet. Sein graues, lockiges Fell wird, wie schon der Name sagt, zur Herstellung von Pelzmänteln und -jacken benutzt. In Deutschland beträgt der Anteil des Merino-Schafes am gesamten Schafbestand 40 %. Es gibt aber auch andere Rassen, deren Wolle sowohl zu Teppichen und Gobelins verarbeitet als auch zum Stricken, Walken und Weben gebraucht wird.

Die Schafe werden vor dem Lammen zeitig im Frühjahr und eventuell auch im Herbst, ehe es dafür zu kalt wird, geschoren.

Wolle ist wieder gefragt

In Schweden wird, wie auch in Deutschland, Schafzucht nicht in größerem Ausmaß betrieben. Sowohl Wolle als auch fertige Wollprodukte werden in Mengen importiert. Der Grund dafür ist u. a., daß das Waschen der Wolle ein umständlicher und teurer Prozeß ist.

In Norwegen betreibt man Schafzucht in größerem Ausmaß, so daß die einheimische Strickwarenindustrie mit eigener Wolle versehen werden kann. Jedoch kann man auch bei uns steigendes Interesse sowohl für Schafzucht als auch für die Weiterverarbeitung der Wolle feststellen.

Baumwolle und Wolle haben weitgehend den Kunstfasern weichen müssen, aber dieser Trend scheint jetzt im Abnehmen begriffen zu sein. Es werden in den Katalogen der Spinnereien wieder viele Garne aus reiner Wolle angeboten.

Eigentlich sollte jeder von uns wenigstens einmal selbst einen Faden gedreht haben. Wir pflegen unsere Sachen nämlich besser, wenn wir ihre Entstehung aus der Praxis kennen. Wir schätzen den Wert einer Strickjacke erst richtig, wenn wir wissen, wieviel Arbeit es kostet, die Wolle zu kardätschen, zu spinnen, zu haspeln, zu färben, zu wickeln und zu stricken, ehe die Jacke endlich fertig ist. (Man kann dazu «Pelles neue Kleider» von Elsa Beskow lesen!)

Künstliches Material kann das natürliche nicht ersetzen. Das gilt sowohl für die Elastizität und Saugfähigkeit als auch für die kühlende Eigenschaft des Leinens und die wärmende der Wolle.

Anno dazumal und heute

Früher rackerten sich die Leute zum Teil noch selbst mit Spinnrad und Webstuhl ab und fertigten ihren groben Lodenstoff, ihre Leintücher und andere Tuchsorten an. Heute werden Kleider von internationalen Großbetrieben hergestellt und zu verhältnismäßig niedrigen Preisen verkauft.

Früher besaß man trotz solcher erschwerender Umstände wie Not, Armut, Zeitmangel und schlechter Beleuchtung doch eine bewundernswerte Kunstfertigkeit beim Herstellen von Gebrauchsgegenständen und Kleidungsstücken, eine Kunstfertigkeit, die heute aufgrund der Migration und Industrialisierung verlorengegangen ist.

Von alledem, was früher für jede Gegend typisch war, wie z. B. Borten, Stoffmuster usw., ist heute nur noch ein Bruchteil in Museen und abgelegenen Höfen übrig. Die Tracht machte früher einen Teil der Persönlichkeit aus. An der Jacke konnte man sehen, aus welchem Dorf ihr Träger stammte.

Auf den Araninseln an der irländischen Westküste trägt sogar jede Familie Pullover mit ihrem eigenen Muster!

Maschinelle Produkte müssen in großen Mengen hergestellt werden. Dadurch verarmt die bodenständige Kultur. Mode ist heute etwas Weltweites: der «echte» Islandspullover ist aus Acryl und kommt aus Taiwan.

Unser Äußeres ist weltweit gleichgeschaltet: die folkloristische Mode setzt sich zusammen aus peruanischen Ponchos, pakistanischen Stickereien, chinesischen Steppjacken, arabischen Halstüchern, schwedischen Holzpantinen und amerikanischen Blue jeans.

Man kann nur hoffen, daß all der Verlust an kunsthandwerklicher Geschicklichkeit nicht umsonst war, sondern den Preis dafür darstellt, daß wir nun auch wirklich zu wahren Weltbürgern werden!

Kinder helfen gern

Beim Wollewaschen helfen auch kleine Kinder mit großem Vergnügen. Nach ausgiebiger Panscherei entstehen, wenn die Wolle mit Seifenflocken oder Kernseife in lauwarmem Wasser gewaschen und ein paarmal in frischem Wasser durchgespült ist, herrliche weiße bauschige Wollwolken. Sie werden zum Trocknen auf den Rasen gelegt oder in einem Handtuch auf dem Wäschetrockner aufgehängt.

Wenn die Wolle von guter Qualität oder kurzfaserig ist, kann man sie mit den Fingern auseinanderzupfen und luftig aufbauschen, um sie als Stopfmaterial für Stoffpuppen oder Stofftiere zu benutzen.

Man kann auch die Wolle – sie sollte allerdings am besten ungewaschen sein – manuell mit Karden zu sogenanntem Flor aufbereiten. Das sind die hauchdünn ausgebreiteten und gerichteten Fasern, aus denen der Faden gesponnen wird. Zwei Kinder können zusammen ein Paar Handkarden handhaben. Eins hält die untere Karde auf dem Schoß und das andere steht mit der zweiten davor und kardäscht. Diese Tätigkeit kann ein Kind ab fünf Jahren schon ein Weilchen ausüben. Es ist aber keine leichte Arbeit!

Aus der kardätschten Wolle kann man lose Stränge drehen, indem man sie zwischen den Händen rollt und sie dann z. B. in einen dicken Wollstoff oder auch Teppich mit einwebt. Auch beim Weben können sich mehrere Kinder abwechseln, damit es schneller geht.

Die ungewaschene, kardätschte Wolle kann auch dachziegelartig in Schichten übereinandergelegt werden. Dann gießt man lauwarmes

Wasser mit Kernseife darauf und massiert und klopft es mit den Fingern in die Wolle, so daß diese verfilzt. (Siehe Abb. 29.)

Wünscht man ein Stück Filz kleiner und dicker, kann man es auf einem Waschbrett rubbeln, damit es eingeht. Wenn der Filz die gewünschte Dicke erreicht hat, spült man Seife und Schmutz heraus und legt ihn zum Trocknen hin.

Abb. 29

Dieses Filzstück können die Kinder dann mit Wollgarn besticken. Eine andere Möglichkeit ist, es zu einer Mütze oder ähnlichem zuzuschneiden und die Stücke zusammenzunähen.

Kleine Wollflöckchen kann man färben, indem man sie an einem Papier reibt, das man vorher mit einem Wachsfarbstift bemalt hat. Im übrigen färbt man Wolle am besten mit Pflanzenfarben, weil man damit das schönste Resultat erzielt.

Hier folgen nun einige Vorschläge, was man aus Wolle, Wollgarn und ausrangierten Wollkleidern machen kann.

Schäfchen aus Wolle

Dazu brauchen wir Pfeifenputzer, am besten weiße, und etwas kardätschte und gewaschene Wolle.

Abb. 30

Zuerst biegen wir ein «Skelett» aus Pfeifenputzern zurecht: vier lange Beine, Kopf, Körper und Ohren. Die Wolle wird dann in hauchdünne Schichten darumgewickelt. Die Beine können «nackt» bleiben.

Aus einem Wollbäuschchen kann man ein noch einfacheres, liegendes Schaf zaubern, dessen Hals nur mit etwas Bindfaden umwickelt wird.

Puppe aus Wollgarn

Man wickelt dünnes Wollgarn mehrfach um die Hand und läßt ein langes Ende hängen. Der Wollstrang ist der Körper. Der nächste Strang, den man dünner macht und nur um drei Finger wickelt, bildet die Arme. Die äußeren Enden der Arme umwickelt man mit Woll-

Abb. 31

Abb. 32

garn und vernäht es dann mit einer Stopfnadel. Dann steckt man die Arme mitten durch den Körperstrang und umwickelt den Körper unterhalb der Arme mit dem lose hängenden Garnende. Vernähen. Als Kopf wird eine Holzkugel mit Loch festgenäht und ein wenig Wolle als Haar darauf festgeleimt. Die Puppe bekommt ein Mützchen aus Filz, das angenäht wird, indem man mit Nadel und Nähgarn mehrere Male durch das Loch in der Kugel auf- und absticht.

Wollbommel

Dickes Wollgarn in frohen Farben. Zwei gleichgroße, viereckige Stückchen Pappe werden rundgeschnitten, mit der Nagelschere wird in der Mitte je ein Loch geschnitten.

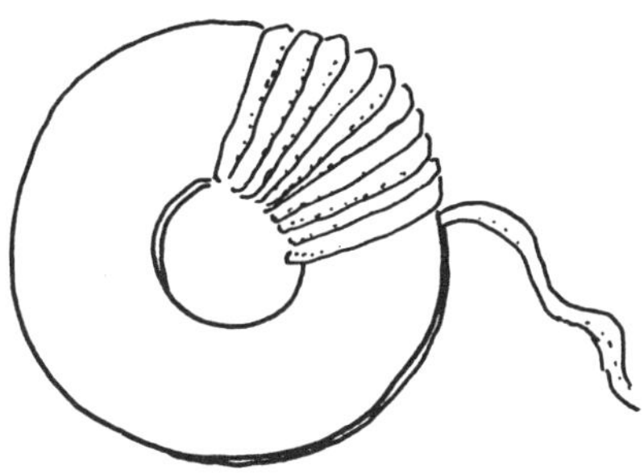

Abb. 33

Man wickelt das Garn um die beiden Pappscheiben wie auf Abb. 33, bis das Loch in der Mitte ganz verschwunden ist. Dann die Wolle an der Außenseite rundherum aufschneiden und die Pappscheiben vorsichtig ein wenig voneinander trennen. Dazwischen wird ein starker Bindfaden gelegt, den man ein paarmal umwickelt, fest zusammenzieht und ordentlich verknotet, bevor die Pappe losgeschnitten und weggenommen wird. Dann die Bommel hier und da ein wenig zustutzen, damit sie richtig rund wird.

Abb. 34

Aus mehreren solchen Wollbommeln kann man niedliche Tiere zusammennähen, die z. B. an Mützenbändern oder am Gürtel hübsch aussehen.

Gehäkeltes Gängelband oder Zaumzeug zum Spielen

Aus Luftmaschen wird eine ca. 2 m lange Schnur gehäkelt; eine ideale Arbeit für ein Kind, das noch keine festen Maschen machen kann. Diese Schnur wird verbreitert, das Bruststück häkelt man noch etwas breiter und näht drei kleine Schellen daran.

Abb. 35

Als Gängelband gut beim Spazierengehen für müde kleine Kinder zu gebrauchen! Es ist lustig, wenn mehrere Kinder so in einer langen Reihe hintereinander herspringen!

Gehäkelte Handpuppe

Man fängt unten am Saum des Kleides an und häkelt mit festen Maschen immer rund herum. Das Kleid muß innen so groß werden, daß die Hand des Kindes hineinpaßt. Löcher für die Puppenarme offen lassen. Um den Hals herum abnehmen, eine für das Gesicht geeignete Farbe nehmen und wieder zunehmen, so daß sich der Kopf rundet. Eine andere Farbe für die Mütze nehmen! Arme anhäkeln, ein paar Haare und punktartig angedeutete Augen und Mund aufnähen und schon ist die Puppe fertig!

Abb. 36

Sie soll so fest gehäkelt sein, daß sie stehen kann.

Auf ähnliche Weise kann man vieles andere häkeln, z. B. Tierköpfe. Über einem in einer Türöffnung gespannten Tuch kann man dann «Rotkäppchen und der Wolf» aufführen.

Handpuppe aus einem Fäustling oder Socken

Will man schnell ein Handpuppenensemble zusammenbekommen, besorgt man sich einzelne alte Socken und Fäustlinge.

Augen und Mund werden andeutungsweise aufgestickt. Eventuell kann man eine Zunge, Mähne oder dgl. annähen.

Abb. 37

Aus einem dicken grauen Wollfäustling kann man einen wunderbaren Hirten machen, der die Wollschäfchen hütet. Man legt einen Kranz um die Spitze des Fäustlings herum, indem man das Gestrickte zwischen zwei Fingern doppelt legt und mit einer Nadel, auf die Wollgarn gefädelt ist, auf- und absticht. Das ist die Hutkrempe des Schäfers. Man stopft den Fäustling mit Wolle und bindet ihm den Hals ab, der nicht zu nahe am Daumenansatz liegen darf. Der Daumen ist ein ausgestreckter Arm, an dessen Spitze man ein Stöckchen als Hirtenstab festnähen kann.

Strickliesel

Aus einer hölzernen Fadenrolle oder einem anderen länglichen hölzernen Gegenstand mit einem runden Loch in der Mitte kann man sich eine Strickliesel machen.

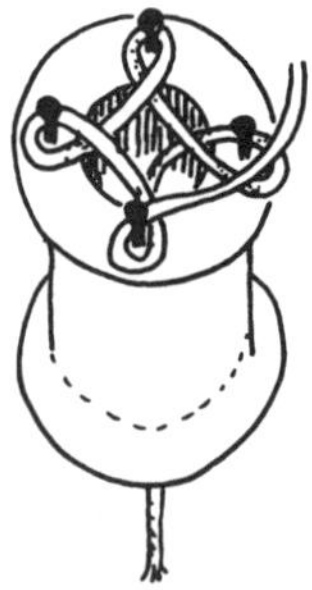

Abb. 38

Man schlägt oben vier rundköpfige Nägel ein, so daß sie noch knapp 1 cm herausragen. Dann beginnt man die Strickarbeit, indem man das Garn so um die Nägel legt, wie es Abb. 38 zeigt.

Darauf legt man das Garn in einer Schlinge rund um alle vier Nägel herum über die vier bereits vorhandenen Schlingen und hebt mit einer Häkelnadel die letzteren über die Nagelköpfe. Jetzt bildet die zuletzt gelegte Schlinge Maschen. Man wickelt daraufhin wieder den Faden in einem Kreis um alle vier Nägel herum, hebt ab, usw. Zwischendurch zieht man ab und zu die Arbeit unten durch das Loch heraus. Es wird ein kleiner gestrickter Schlauch daraus und es dauert sehr lange, bis man die richtige Länge erzielt hat! Die Arbeit eignet sich gut für kranke Kinder.

Geflochtene Litze

Aus flachen Schnürsenkeln oder anderen flachen Bändern kann man eine dicke Litze flechten, so wie es Abb. 39 und 40 zeigt.

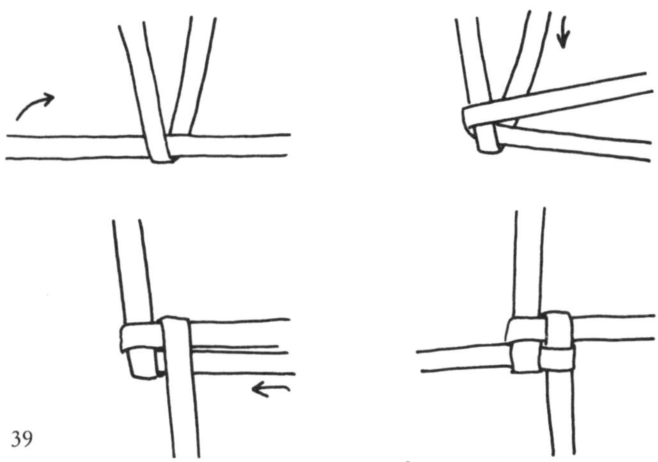

Abb. 39

Abb. 40

Gestrickte Schlange

Aus Garnresten strickt man mit vier Nadeln eine lange Schlange. Sie wird mit Stoffresten oder Teilen einer alten Matratzenfüllung ausgestopft.

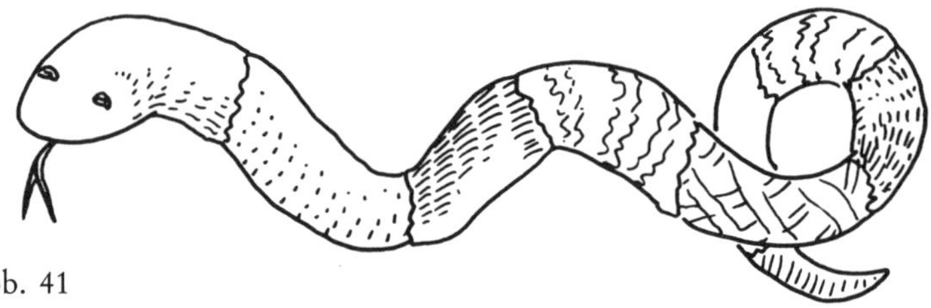

Abb. 41

Nicht vergessen der Schlange einen spitz zulaufenden Schwanz und eine Zunge zu machen!

Auch aus alten Strümpfen, denen man die Füße abschneidet, und Pulloverärmeln kann man eine Schlange zusammenbasteln, wenn man die Nähte auf der Maschine näht. Aber sie wird leider nicht so schön wie die gestrickte!

Fingerpuppe

Aus dünnem Wollgarn kann man, beispielsweise mit Strumpfnadeln Nr. 2½, Püppchen stricken, die zum Spielen auf einen Finger gezogen werden.

Abb. 42

Man nimmt dazu vier Nadeln und strickt den Körper zwei links zwei rechts, nimmt fürs Gesicht eine andere Farbe und strickt glatt weiter. Oben abketten und einen kleinen Hut häkeln. Nachdem man den Kopf mit Wolle gefüllt und den Hals abgeschnürt hat, werden Haare, Bart, Augen und Mund aufgenäht.

Gestrickte Tiere

Aus viereckigen rechtsgestrickten Stücken eines zerschnittenen Pullis können sehr hübsche Tiere für Kinder genäht werden. Man näht die Stücke mit einer Stopfnadel und Garn zusammen.

Ein Kaninchen bekommt Ohren aus dreieckigen Stücken. Ein knallrotes kleines Kissen mit schwarzen Punkten ist ein Marienkäfer.

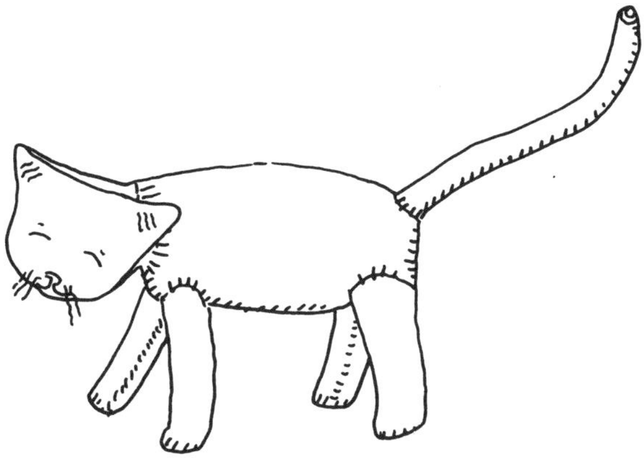

Abb. 43

Diese Katze ist aus einem Pullover gemacht. Ein mit Wolle ausgestopfter Ärmel ist Körper und Kopf, zusammengenähte Rollen bilden Beine und Schwanz.

Steckenpferd

Dazu besorgt man einen stabilen Besenstiel und sägt ihn auf ca. 1 m Länge. Außerdem braucht man einen einzelnen Herrenkniestrumpf aus dicker Wolle.

Den Strumpf mit Wollresten, Rohwolle oder Watte füllen. Zwei kleine Löcher in den Besenstiel bohren wie auf Abb. 44. Durch diese Löcher werden Schnüre gezogen und so geknotet, daß von jedem Loch zwei Schnurenden herunterhängen. Dann den Besenstiel in den Strumpf stecken, die Schnurenden mit einer Häkelnadel herausfischen, die man einfach durch den Strumpf steckt, und die Schnüre fest zusammenknoten. Die oberen Schnüre, die unter den Ohren des Pferdes herauskommen, werden unter seinem Kinn verknotet und die unteren, die mehrere Male um das Bündchen des Strumpfes gewickelt und eventuell mit etwas Leim befestigt werden, werden ebenfalls fest verknotet.

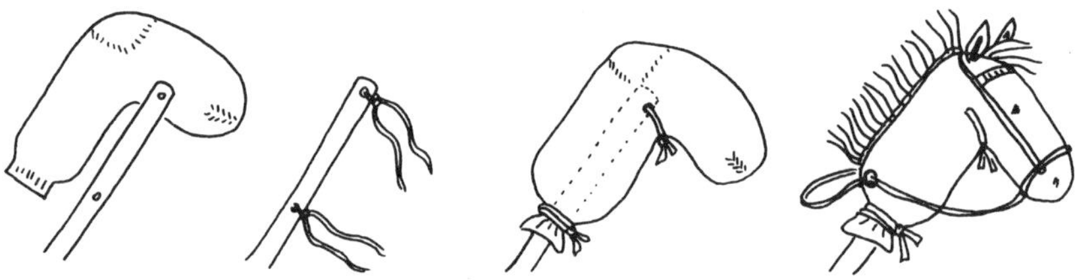

Abb. 44

Jetzt sitzt der Kopf ordentlich fest. Ohren aus Filz oder aus zwei abgeschnittenen Fingern eines wollenen Handschuhs annähen. Das Pferdchen bekommt auch eine Mähne aus dickem Wollgarn. Ein schöner Zaum wird gehäkelt und ordentlich befestigt. Die Zügel kann man durch zwei Gardinenringe laufen lassen, die am unteren Ende der Mähne sitzen, so daß das Kind sein Pferd mit einer Hand lenken kann. (Es geht natürlich auch, das Pferd ohne in den Stecken gebohrte Löcher zu machen. Allerdings hält es dann nicht so gut!)

Literatur

Basteln mit Stoff, Wolle, Bast. Hamburg 1973.
Karin Neuschütz: *Das Puppenbuch.* Wie man Puppen selber macht und was sie für Kinder bedeuten. Stuttgart ^{2}1983.
Renate Jörke: *Färben mit Pflanzen.* Stuttgart ^{5}1983.
Werner Christian Simonis: *Wolle und Seide.* Stuttgart ^{5}1983.

Puppentheater

Das Puppentheater hat seinen Ursprung in uralten religiösen Ritualen. Bemalte und geschmückte Götterfiguren waren die ersten Puppen. Von Indien und Griechenland her verbreitete sich das Puppentheater über die Erde und entwickelte sich vielfältig. Dabei verlor es immer mehr seinen religiösen Inhalt und wurde auf Jahrmärkten und Festen zur Unterhaltung gespielt. In Deutschland werden seit dem 12. Jahrhundert Volksmärchen im Puppentheater aufgeführt.

Die Rolle der Musik

Sobald man eine Puppe bewegt, mit ihr spielt, sie sprechen, singen, tanzen oder sagenhafte Abenteuer erleben läßt, und jemand sieht dabei zu, handelt es sich schon um Puppentheater! Eine Bühne braucht man nämlich nicht unbedingt. Natürlich ist es noch spannender, wenn ein schöner Vorhang zur Seite gleitet und sich dem Auge des Betrachters ein farbenfroher Hintergrund darbietet, ehe die Puppe auftritt.

Zum Puppentheater gehört auch Musik. Sie kann sowohl zur Betonung von Stimmungen als auch zur Markierung von Anfang und Ende der Vorstellung dienen.

Puppentheater ist Theater im kleinen Format für eine kleine Schar von Zuschauern. Deshalb eignet sich ein schlichtes Instrument am besten; eine einzelne Flöte, eine Leier, eine Gitarre oder ein Glockenspiel. Wenn man, wie es leider nur allzuoft geschieht, die Musik zur Geräuschkulisse degradiert, wird man weder ihr selbst, noch den Zuhörern, ja nicht einmal den Puppen gerecht. Nein, die Musik muß eine eigene Berechtigung haben! Mit einer Harfe kann man z. B., indem man sachte mit den Fingern über die Saiten streicht, den Zuschauern verständlich machen, daß die Hauptperson schläft und im Traum die wunderbarsten Dinge erblickt . . . Wenn dann die Puppe aufwacht, verstummt die Musik.

Puppentheater gibt es in vielen Formen. Wie kann Tischtheater, Schattentheater, Handpuppen- und Marionettentheater zu Hause in Szene gesetzt werden? Wenigstens einige elementare Kenntnisse sollen hier vermittelt werden.

Farbe und Bewegung

Wie so oft, wenn es um Spielsachen geht, wird man als Erwachsener von seiner Kreativität leicht verleitet, die Puppen allzusehr im Detail auszuformen. Aber Kindern gefallen einfache genausogut. Besonders für kleinere Kinder sind sie vorzuziehen. Eine naturgetreue Minipuppe kann ihnen geradezu unheimlich lebendig vorkommen. Eine einfache Puppe braucht deswegen nicht plump und häßlich zu sein. Man kann schönen, einfarbigen Stoff in feiner, geschmeidiger Qualität wählen, als Requisiten Dinge benutzen, die die Natur uns schenkt, und die Kulissen in weichen, reinen Farbtönen halten.

Es gilt das Charakteristische der Figur einzufangen, die von der Puppe dargestellt wird. Ein Bär kann nicht spindeldürr sein und zierlich dahergetrippelt kommen, eine Katze stampft nicht mit den Pfoten und alte Hexen tragen nicht Rosa. Man übt schon vorher, die Puppen zu führen, und zwar am besten mehrere Male vor einem Spiegel, bevor die große Vorstellung beginnt.

Puppentheater soll etwas Besonderes sein. Es ist für die Kinder wichtig, daß man nichts Alltägliches daraus werden läßt! Sie sollen nach der Vorstellung nicht unsanft mit den Puppen umgehen dürfen!

Mit Musik und brennenden Kerzen wird das Spiel eröffnet. Dann wissen die Kinder: jetzt müssen wir ordentlich stillsitzen und gut zuhören! Ebenso kann das Spiel dann beendet werden. Wenn die Kerzen gelöscht sind, führt man die kleinen Zuschauer still hinaus, so daß sie das stimmungsvolle Schlußbild noch lange mit sich tragen. (Es darf nicht hinter den Vorhang geguckt werden. Für Kinder muß es Geheimnisse geben! Sonst hätte ja die Phantasie keinen Spielraum.)

Es ist auch nicht phantasieanregend, wenn Puppen und Bühnenbild detailgetreue Abbildungen der Wirklichkeit sind. Die Kinder sollen die Möglichkeit haben, das Unausgesprochene mit Hilfe ihrer eigenen Kreativität zu ergänzen, sich eigene Bilder zu machen.

Wenn zwei oder mehr Puppenspieler zur Verfügung stehen, kann einer davon auch neben der Bühne sitzen und die Geschichte oder das Märchen erzählen, und zwar am besten auswendig, während sich die Puppen zu seinen Worten bewegen.

Beleuchtung in verschiedenen Farben schafft Stimmung. Man hält dazu gefärbten Stoff, getöntes Papier oder bunte Folien einfach vor die Lampe.

Tischtheater

Dieses einfachste aller Puppentheater können die Kinder auch selbst bei ihren Spielen anwenden. Sie halten eine Puppe und lassen sie herumspazieren.

Das Tischtheater eignet sich ausgezeichnet zur Vorführung im Kindergarten, zur Einführung eines neuen Spielzeugs oder um die Kinder zu eigenem Theaterspiel mit Puppen anzuregen.

So wird's gemacht: Einen sehr langen Tisch aufstellen (oder Kisten und Hocker in eine Reihe) und einen Stoff in neutraler, zum Spiel passender Farbe heraussuchen: ein weißes Bettuch für den Winter, eine blaue Decke als Meer, ein grünes Tischtuch als Wiese oder Unterlage für Wald. Karierte und gestreifte Stoffe sind ungeeignet, da sie zu unruhig wirken.

Abb. 45

Zuerst baut man aus Büchern, Bauklötzen oder Kissen eine hügelige Landschaft, über die der Stoff gelegt wird. Dann stellt man ein paar Gegenstände auf, wie z. B. ein Holzhäuschen, einen knorrigen Ast, ein paar Steine oder Muscheln. Die Tiere und Puppen, die man braucht, werden hervorgeholt und das Spiel kann beginnen!

Der Puppenspieler steht dabei hinter dem Tisch und hat die Zuschauer vor sich sitzen. Puppen und Tiere werden mit der Hand hin und her bewegt.

Da der Puppenspieler die ganze Zeit zu sehen ist, ist es wichtig, daß er nicht durch seine Mimik die Aufmerksamkeit der Kinder vom Spiel ablenkt. Seine Kleidung sollte möglichst wenig hervorstechend sein.

Auf dieser Art Bühne kann man natürlich auch mit einfachen Marionetten an kurzen Fäden spielen. Ansonsten eignen sich die hier beschriebenen Stehpuppen oder auch die aus Wolle gewickelten Püppchen (s. S. 140).

Abb. 46

Stehpuppe

Ein Wollbällchen wird in ein Stück hautfarbenes Trikot eingebunden. Das ist der Kopf, zu dem man aus steifem Stoff wie z. B. Filz einen zylinderförmigen Körper näht. Den Stoff zieht man um den Hals herum zusammen und stopft ihn mit Wolle. Unten in den Körper wird ein Stein gelegt. Nun schließt man das Ganze mit einem runden Stück Stoff, das dann die Standfläche der Puppe bildet.

Ihre Kleidung kann mit Filz in verschiedenen Farben variiert werden, je nachdem, wen die Puppe darstellt. Man kann ihr z. B. ein paar einfache Filzärmel, einen Mantel, eine Schürze oder verschiedene Kopfbedeckungen annähen. Das Haar wird aus dünnem Wollgarn gemacht oder auch aus Wolle, die gefärbt wird, indem man sie an einem Papier reibt, das vorher mit braunem oder gelbem Wachsfarbstift bemalt wurde. Aufgestickte oder mit Wachsfarbstiften angedeutete Augen und Mund vervollständigen die Puppe.

Im Kindergarten oder im Kinderzimmer kann man eine Landschaft aufbauen, die sich je nach Jahreszeit verändert und deren Farben man variiert, indem man einfach die Stoffunterlage auswechselt. In dieser Landschaft führt man dann einfache, kleine Puppenspiele vor.

Für die Kleinsten kann man ein Stabpuppentheater mit Hilfe von Tütenpuppen arrangieren.

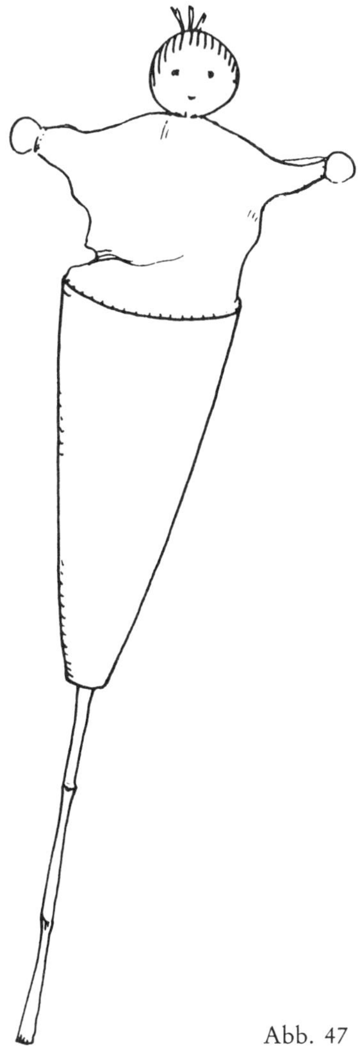

Abb. 47

Tütenpuppe

An dem einen Ende eines Bambusstöckchens oder eines anderen stabilen Stäbchens wird eine Holzkugel festgeklebt, oder man wickelt Wolle, Stoff oder Watte als Kopf um das

Stabende und klebt alles fest. Diese Kugel wird mit hautfarbenem Trikot überzogen und unter dem Kinn fest abgeschnürt. Jetzt näht man ein Kleid, das unten so weit ist, daß es über die Kante der Tüte gezogen werden kann. Die Tüte kann man aus einem biegsamen Karton anfertigen. An den Ärmeln werden kleine Kugelhändchen festgenäht und die Tüte wird mit Stoff bezogen, den man festleimt. Dann näht man den Saum des Kleides an der Tütenöffnung fest. Der Puppenkopf bekommt ein paar Härchen aufgenäht und Augen und Mund aus kleinen Stichen. Das Stäbchen wird nun durch den Halsausschnitt des Kleides gesteckt, Hals und Kleid werden ordentlich aneinander festgenäht, und jetzt kann die Puppe aus der Tüte hervorkommen und dann wieder verschwinden.

Eine Variante ist eine Maus aus Pelz, die am Stäbchen befestigt ist und in der Tüte wohnt.

Handschattenspiel

Dieses Spiel ist wirklich ein billiges Vergnügen. Der Schein der tiefstehenden Sonne an einer glatten Wand ist alles, was man dazu braucht. Die Hände werden langsam so gedreht und gewendet, daß ihr Schatten auf die Wand fällt, wobei man sich genau die Handstellungen merkt, die sich als Schattenfigur gut ausmachen.

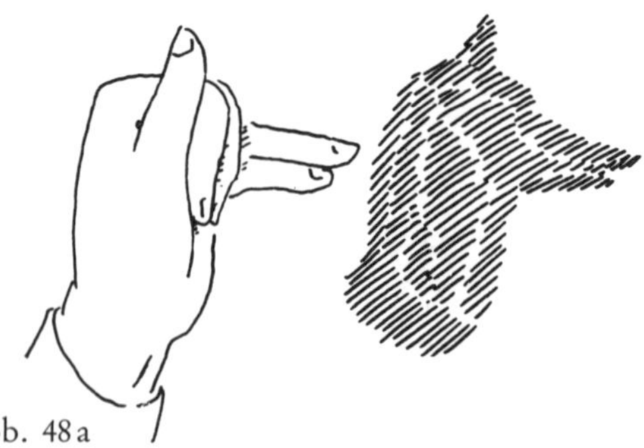

Abb. 48a

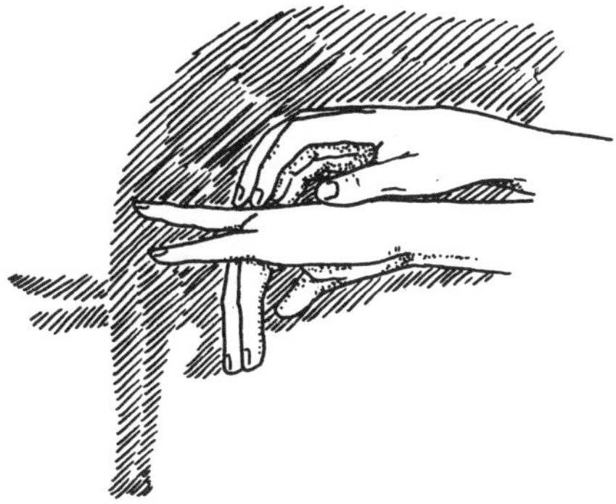

Abb. 48b

Diese Tiere sind aus ein paar älteren, im Neudruck erschienenen englischen Heften mit Handschatten abgezeichnet («Handshadows, to be thrown upon the Wall» von Henry Bursill, Dover Publications, Inc., New York).

Abb. 49

Schattentheater

Ein Schattenspieltheater aus einem leeren Karton ist leicht herzustellen. Er muß so groß sein, daß man bequem darin die Figuren mit den Händen herumführen kann, also mindestens einen halben Meter lang.

Nachdem man den Deckel zur Seite gelegt hat, schneidet man in den Boden der Schachtel ein rechteckiges Loch. Die Kanten sollen gerade sein. Innen im Karton wird ein Papierbogen über die Öffnung geklebt, wobei man beachten muß, daß das Papier gut gespannt ist.

Der Karton steht nun auf dem Tisch vor einer Lampe, deren Lichtkegel in den Karton gerichtet wird.

Abb. 50

Wenn man eine aus kräftigem Papier ausgeschnittene Silhouette nahe an die papierbespannte Öffnung bringt, sieht der Zuschauer auf der anderen Seite eine schwarze Schattenfigur sich abzeichnen.

Wer sein Schattentheater wiederverwenden will, kann einen Holzrahmen aus drei Teilen machen, der mit dünnem Stoff bespannt wird und leicht zusammengeklappt und beiseite gestellt werden kann.

Die Figuren werden aus steifem, kräftigem Papier ausgerissen oder ausgeschnitten. (Wer es schafft, zeichnet sie vorher nicht auf!) Am unteren Ende müssen sie eine Lasche haben, an der man sie festhalten kann. Vögel und andere Wesen, die sich durch die Luft bewegen, bekommen oben einen Griff aus doppeltem durchsichtigem Klebstreifen.

Damit die Figuren auch selbst stehen können, kann man sie unten an einer Schachtel oder einem Bauklotz festkleben.

Seitlich im Karton neben der «Bühne» muß so viel Platz sein, daß man die Figuren, die gerade nicht gebraucht werden, dort abstellen kann, ohne daß die Zuschauer sie von außen sehen können.

Auch Farben können wir in unserem kleinen Schattentheater gut gebrauchen. Die Lampe kann mit verschiedenen farbigen Papier-«mützen» versehen werden (Vorsicht, Feuergefahr!), oder man kann den Papierschirm so konstruieren, daß er mit einem farbigen Seidenpapier überspannt werden kann.

Es lohnt sich auch, einmal zu versuchen, die Figuren mit im warmen Wasserbad geschmolzenem farbigem Bienenwachs einzufärben. Dadurch werden sie stabil und fest und schimmern bunt. Da Schwarzweiß abstrakter ist, eignet es sich besser für größere Kinder.

Kasperle-Theater

Diese Form von Puppentheater wird, wie jeder weiß, mit Handpuppen gespielt. Der Kasperle heißt in Frankreich Guignol, in England Punch, in Holland Jan Klaasen, in Italien Pulcinella und in der Sowjetunion Petruschka.

Die einfachste Handpuppe entsteht aus einem Fausthandschuh, dem man ein Gesicht aufgenäht hat und in den man dann einfach mit der Hand hineinfährt. Aus einem Fingerhandschuh kann man eine ganze Fingerpuppenfamilie zaubern. Mit solchen einfachen Puppen kann man Kinder ausgezeichnet auf Reisen, im Wartezimmer usw. unterhalten.

Man sieht oft karikaturartige Handpuppen mit häßlichen scharfgeschnittenen Profilen. Kleineren Kindern kann man jedoch überhaupt noch nicht mit Karikaturen kommen, denn sie haben für diese Art von Ironie noch nicht die nötige Reife.

So wird die Puppe gemacht: Man nimmt ein Stück hautfarbenes Baumwolltrikot (eine ausrangierte rosa Baumwollunterhose geht auch!), legt ein Bällchen aus Wolle oder Stoffresten darauf. Einen ca. 5 cm breiten Papierstreifen zu einer Rolle wickeln und kleben. Der Finger soll leicht hineingesteckt werden können.

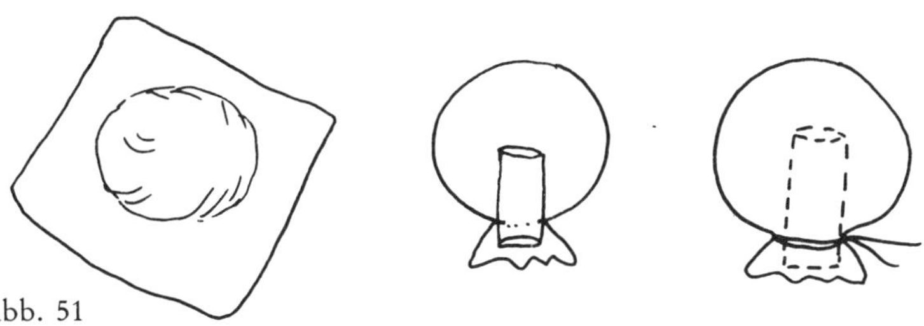

Abb. 51

Wenn der Leim getrocknet ist, wird diese Rolle in den Ball gesteckt, so daß sie unten ein Stückchen herausragt, der Stoff wird darumgelegt und eine Schnur um den Hals gewickelt. Das ist der Kopf.

Wenn man sich entschieden hat, was für eine Puppe es werden soll, sucht man den geeigneten Kleiderstoff heraus, z. B. braunen für die Großmutter, schwarzen für den Zauberer, blauen für die traurige

Königin etc. Man schneidet ein langes Kleid mit Halsloch zu und versäubert rund herum den Stoffrand, damit die Kanten nicht ausfransen. Dann wird der Kopf ins Halsloch gesteckt und um den Hals herum festgenäht.

Abb. 52

Aus dem hautfarbenen Stoff kann man zwei kleine Fäustchen nähen und sie außen an den Ärmeln festheften. Dann näht man die Seiten des Kleides zusammen, so daß es sich um die Hand des Puppenspielers schmiegt.

Aufgenähtes Haar, Kopftuch, Bart, Krone, Bäckermütze oder anderes verleihen der Puppe für ihre Rolle das charakteristische Aussehen. Punkte sind als Augen und Mund ausreichend.

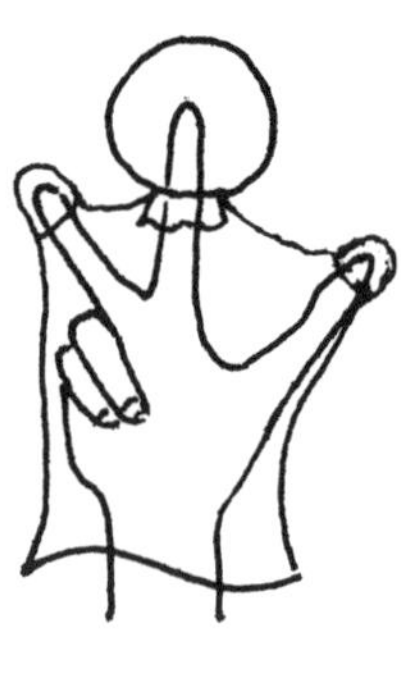

Abb. 53

Ab und zu muß kontrolliert werden, daß die Puppe auch auf die Hand des Puppenspielers paßt. Wenn Kinder damit spielen sollen, muß natürlich der Abstand zwischen den Händen der Puppe geringer sein als für Erwachsene.

Wenn sich das Kleid der Puppe an die Hand anschmiegt und nicht lose sitzt, ist das Spielen leichter. Man achte auch darauf, die Handpuppen nie unnötig schwer zu machen, denn das ermüdet den Arm, den man ja während des Spielens nach oben strecken muß!

Abb. 54

Die Bühne: Die einfachste Lösung ist, Tücher in einer Türöffnung aufzuhängen, so daß der Puppenspieler dahinter stehen kann, ohne gesehen zu werden. Es ist wichtig, dabei eine bequeme Stellung einnehmen zu können, denn selbst eine kurze Vorstellung kann sonst anstrengend werden. Ein schöner Vorhang, den man an einer Schnur auf- und zuziehen kann, macht das Theater noch spannender!

Wer öfters ein Stück vorspielt, kann natürlich ein klassisches Puppentheater mit einem hölzernen Rahmen zimmern und sogar eine Beleuchtung installieren. Dies ist eine ausgezeichnete Aufgabe für ältere Schulkinder. An einem Ring, der jeder Puppe am Rocksaum festgenäht wird, können sie alle an Haken neben der Bühne aufgehängt werden.

Marionettentheater

Marionette bedeutet eigentlich «kleine Marienfigur». Diese Figuren wurden im Mittelalter zu religiösen Spielen verwendet und sind Gliederpuppen, die von oben mit Hilfe von Fäden geführt werden, an denen sie aufgehängt sind. Der Marionettenspieler hat eine Art Kreuz in der Hand, an dem die vielen Fäden befestigt sind, mit denen er die Glieder der Puppe bewegt.

Es gibt komplizierte Puppen, die sogar den Mund aufreißen und mit den Augenlidern klappen können. Sie eignen sich jedoch eher für ein erwachsenes Publikum. Für Kinder sind ganz schlichte Puppen besser geeignet, die man z. B. so machen kann: Ein Knäuel aus Streifen eines Bettuchs wickeln, mit buntfarbenem Trikot umhüllen, dessen Zipfel hängenbleiben und später im Kleid der Puppe einen losen Körper bilden. Der Hals soll dünn und der Kopf schwer sein, so daß die Puppe nicken kann.

Nun drapiert man ein Gewand aus sehr dünnem Stoff auf ähnliche Weise wie bei der Handpuppe und näht es am Hals fest. Die Marionette kann ruhig längere Arme haben als die Handpuppe. Je ein kleiner Stein wird in ein Stückchen hautfarbenes Trikot eingenäht und als Händchen am Ärmel festgestichelt.

Falls nun die Puppe allzu dünn und durchsichtig wirken sollte, kann man im Kleid noch mehr Stoff als Körper befestigen, wobei man jedoch darauf achten muß, daß der Hals «wacklig» bleibt.

Abb. 55

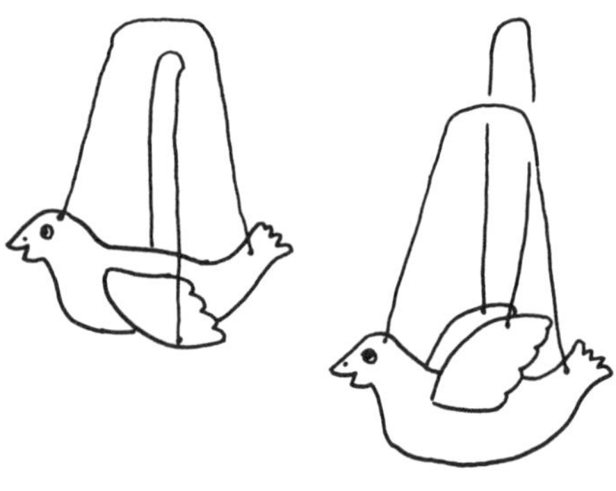

Abb. 56

An den Seiten des Kopfes werden nun die Fäden festgenäht, die für die Haltung der Puppe ausschlaggebend sind. Sitzen sie weit hinten, beugt die Puppe demütig den Kopf, und sind sie weiter vorn in der Nähe des Gesichts befestigt, dann streckt sie die Nase in die Luft.

Ein Faden für jede Hand und vielleicht einer im Nacken, wenn sie sich verbeugen können soll, vervollständigen die Puppe. Die Fäden werden zum Schluß paarweise zusammengeknotet wie auf Abb. 55. Wenn sie 50 cm lang sind, können die Kinder gut damit spielen.

Bei Marionetten braucht man die Attribute nur sparsam anzudeuten: Eine Perle macht die Prinzessin, eine Paillette im Schleier die Elfe, ein wilder Schopf und ein Schwanz den Troll.

Für die ersten Theaterversuche ist es klug, sich Märchen herauszusuchen, in denen nur wenige Personen vorkommen, wie z. B. Sterntaler, Jorinde und Joringel, Frau Holle, Hans im Glück.

Mit Schleiern und Stoffen werden auf einem Tisch Kulissen drapiert. Schleier können Winde vorstellen, ein weißes Bettuch Schnee.

Tiere, Vögel und Schmetterlinge haben die gleiche, einfache Fadenführung. Ein zurechtgebogenes Stück Draht in Form eines Flügels wird mit Stoff bezogen und dann sehr lose am Körper befestigt.

Die Bewegungen der Puppen sollen nie übertrieben sein. Die Puppen sollen beim Gehen den Boden mit den Füßen berühren; nur Vögel schweben durch die Luft!

Literatur

Wir spielen Kasperle-Theater. Die Bedeutung des Kasperle-Spiels, die Herstellung von Puppen und Bühne und zehn kleine Szenen. Stuttgart 1982.

Mit Kasperle durch das Jahr. Vier große Kasperle-Stücke. Stuttgart 1983.

Freya Jaffke: *Puppenspiel.* Anleitung für die Einrichtung verschiedener Spielmöglichkeiten und Herstellung einfacher Figuren. Stuttgart 1981.

Erika Zimmermann: *Wir spielen Schattentheater.* Anregungen für eine einfache Bühne, kleine Szenen und zwei Märchenspiele. Stuttgart [2]1980.

Gesellschaftsspiele und anderes

Im allgemeinen folgt ein Spiel bestimmten Regeln. Meistens ist Zubehör erforderlich wie beispielsweise Spielmarken, Kegel, ein Spielbrett o. ä. Wir können aber auch ganz ohne Zubehör spielen und ohne dabei zu gewinnen!

«Gott hat es gewollt, daß die Menschen sich an mannigfaltigen Spielen ergötzen», schrieb Alfons der Weise, König von Kastilien, in der Einleitung seines großen Buches der Spiele aus dem Jahre 1283. Das Spiel «soll ihnen Trost gewähren und Abwechslung in der Einförmigkeit des Alltags schenken». Viele Spiele sind aus religiösen Riten entstanden, aus dem Mond- und Sonnenkultus als Mittel zur Beeinflussung der Naturkräfte. Es gibt ein Brettspiel, Senet, das man bis ca. 1200 v. Chr. zurückverfolgen kann. Viele Spiele sind über die ganze Welt verbreitet. Auch manche Kinderspiele sind universal: Hüpf- und Murmelspiele, Reifen- und Kreiselspiel usw.

Beim Spielen können wir unsere körperliche Geschicklichkeit und Schnelligkeit, unsere Beobachtungsgabe, Urteilsfähigkeit und unseren Mut üben. Spiele sind stets bei der Erziehung der Jugend ein willkommenes Mittel gewesen. Jede Gesellschaft hat ihre speziellen Spiele, die gerade diejenigen Eigenschaften und Werthaltungen einüben, die für die betreffende Kultur von Bedeutung sind.

Bei Würfelspielen unserer Tage geht es oft, wie z. B. beim Monopoly, um Geld und Profit. Seit der erste Astronaut ins All hinauskatapultiert wurde, ist der Markt um eine beträchtliche Anzahl Weltraumspiele bereichert worden.

Der Mensch kann vom Spiel so gefangengenommen werden, daß er alles andere vergißt. Als Beispiel dafür kann die lesenswerte Schachnovelle von Stefan Zweig oder «Der Spieler» von Dostojewski dienen. Schon mancher hat ein Vermögen verspielt! Das bedeutet natürlich nicht, daß man gleich auf alle Arten von Spiel verzichten muß, nur weil die Spielleidenschaft ein übles Ende nehmen kann! Es gibt ja viele Spiele, bei denen die Konkurrenz zwischen den Spielern nicht das wichtigste Moment ist. Außerdem ist der Geist, in dem gespielt wird, ausschlaggebend.

Ab und zu kann man einen geselligen Abend im Kreis der Familie mit Gesellschaftsspielen verbringen. Vielleicht entdecken groß und klein dabei ein gemeinsames Lieblingsspiel? Vielleicht fängt man auch an, Spiele zu sammeln und mit Freunden und Bekannten zu tauschen und probiert so eine ganze Reihe Spiele aus.

Beim geselligen Spiel haben wir die Gelegenheit, unsere positiven Eigenschaften zum Ausdruck zu bringen, z. B. können wir üben, Mißerfolge zu verkraften und uns nicht entmutigen zu lassen, Spielregeln einzuhalten, uns nötigenfalls rasch für einen gewagten Zug zu entscheiden, das Tun anderer zu beobachten und uns schnell danach zu richten. Wir lernen vielleicht auch, daß Mogeln keinen Spaß macht, und wir lernen geduldig darauf zu warten, daß wir drankommen, und anderen Erfolg zu gönnen. Das alles gilt natürlich nur unter der Voraussetzung, daß dabei wirklich gute Stimmung herrscht und der Spielabend nicht zu einem absoluten Muß wird, dem nicht einmal ein gelangweilter Teenager fernbleiben darf! Glücklicherweise gibt es Spiele für ein, zwei oder beliebig viele Personen. Wenn Peter plötzlich keine Lust mehr hat, ist es besser, für Abwechslung in Form eines anderen Spiels zu sorgen, als ihn zu tadeln.

Zwar haben Kinder im Vorschulalter oft großen Spaß an Gesellschaftsspielen, doch sind die Regeln oft zu abstrakt für sie. Erst der ABC-Schütze ist so weit, daß er die Regeln, die andere aufgestellt haben, verstehen kann. Kleinere Kinder machen sich unbekümmert neue, eigene Regeln, gegen die sie selbst als erste mit größtem Vergnügen verstoßen, während sie von allen anderen fordern, daß sie eingehalten werden. Das tun sie nicht etwa, weil sie uns ärgern wollen, sondern weil Kinder in dem Alter einfach so sind.

Wenn Peter und Anna dabei sind, wählt man Spiele wie z. B. Mikado, «Fang den Hut» oder einfache Würfelspiele wie «Mensch, ärgere dich nicht» oder auch Halma u. ä.

Schulkinder können selbst Spiele erfinden und aufzeichnen, bei denen gewinnt, wer zuerst zum Schatz kommt, oder Spiele, wo Fragen, z. B. über die Natur, beantwortet werden müssen.

Die Spiele, die ich ausgewählt und hier beschrieben habe, sind ganz einfach solche, die ich selbst gern spiele. Es gibt Bücher, in denen Hunderte weiterer Spiele beschrieben sind. Auch bei den Spielen habe ich mich bemüht, solche auszusuchen, die wenig und sehr einfaches Zubehör erfordern.

Stein, Schere, Papier

Dieses Spiel, auch Knobeln genannt, wird von zwei Personen gespielt, die einander gegenüberstehen. Beide halten die eine geschlossene Hand vor sich, die sie dreimal durch die Luft schlagen, wobei sie im Takt dazu bis drei zählen.

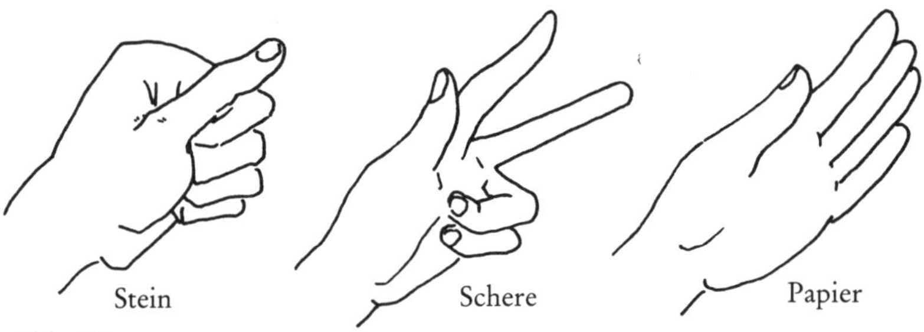

Abb. 57

Bei «drei» zeigen sie gleichzeitig eine der drei abgebildeten Handstellungen: Papier, Stein oder Schere.

Papier wickelt Stein ein, also siegte Papier über Stein. Schere schneidet Papier, besiegt also Papier, Stein schleift Schere, siegt also über Schere. Zeigen beide Spieler dasselbe Zeichen, wird wiederholt.

Knobeln muß man mit Tempo, wenigstens zehnmal in rascher Folge!

Käsekästchen im Sand

Im Sand wird ein Quadrat mit dreimal drei Feldern aufgezeichnet. Der eine Spieler sucht sich drei Steine, der andere drei Stöckchen. Dann beginnt das Spiel, bei dem die Spieler abwechselnd in die Kästchen setzen und dabei versuchen, drei gleiche in einer Reihe zu bekommen. Wenn alle Steine und Stöckchen gesetzt sind, fängt man an, sie umzuplacieren. Das geht so lange, bis einer gewonnen hat.

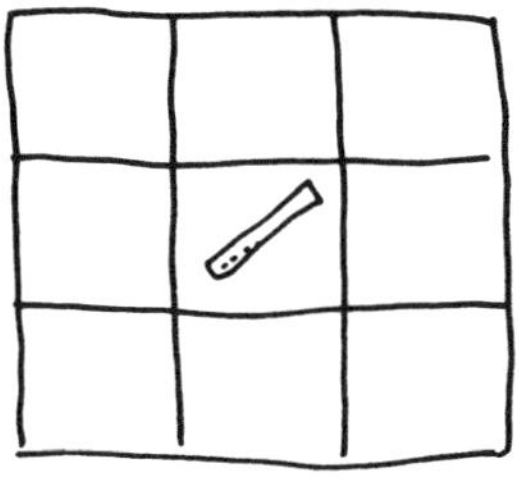

Abb. 58a

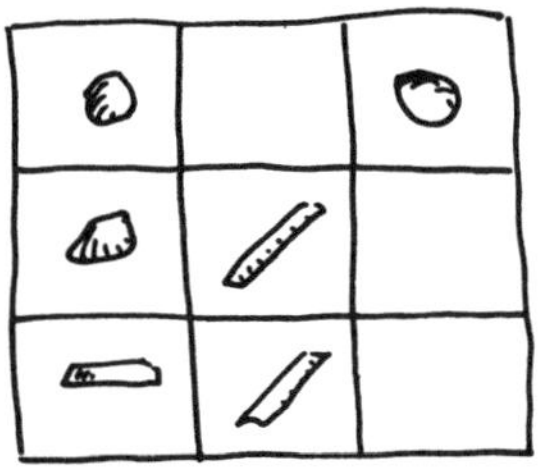

Abb. 58b

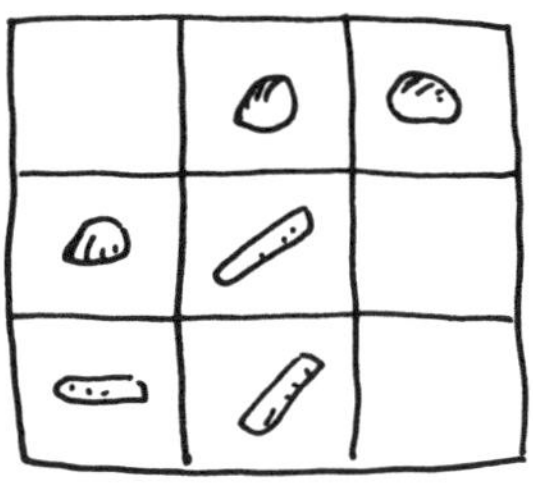

Abb. 58c

Abb. 58a: Das erste Stöckchen ist gesetzt (das mittlere Feld ist von strategischer Bedeutung). Auf Abb. 58b ist alles gesetzt und der Spieler der Steine ist am Zug. Er muß jetzt verhindern, daß sein Gegenspieler eine Reihe mit drei Stöckchen bildet (Abb. 58c) usw.

Himmel und Hölle (Hüpfspiel)

Man beginnt mit dem Aufzeichnen der Figur gemäß Abb. 59. Der Spieler steht auf dem mit «Erde» bezeichneten Feld und wirft ein Steinchen in Feld 1, wohin er dann auf einem Bein hüpft. Der Stein wird aufgehoben und der Spieler hüpft zurück auf «Erde», worauf er den Stein auf Feld 2 wirft, auf einem Bein nachhüpft, ihn wieder aufhebt, auf «Erde» wirft, zurückhüpft usw., bis er auf diese Weise auf Feld 9 angelangt ist.

Wenn der Stein im falschen Feld oder auf einem Strich zwischen Feldern landet, ist der nächste Spieler an der Reihe. Wenn wieder der erste drankommt, macht er weiter, wo er aufgehört hat.

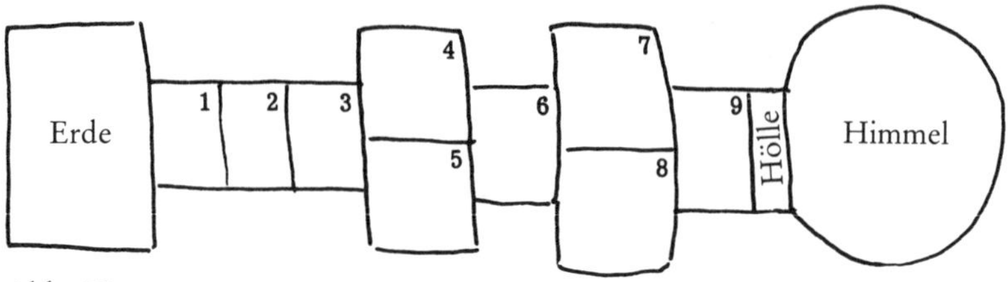

Abb. 59

Wer auf Feld 9 gewesen ist und auf «Erde» zurückkommt, wirft den Stein in den «Himmel». Wenn er aber in die «Hölle» fällt, muß der Spieler wieder von vorne anfangen!

Im «Himmel» angelangt, wirft man den Stein auf Feld 9, hüpft nach, hebt ihn auf, wirft ihn wieder in den «Himmel», hüpft zurück usw., bis er wieder auf der «Erde» angelangt ist. Wer das als erster schafft, hat gewonnen.

Es gibt verschiedene Varianten von «Himmel und Hölle». In der schwedischen Variante des Hüpfspiels überspringt der Spieler das Feld, auf dem der Stein liegt, hüpft weiter bis zu dem zweigeteilten Himmel, wo er sich im Sprung umdreht und zurückhüpft. Dabei nimmt er das Steinchen wieder mit.

Spielen mit Murmeln

Die «richtige» Art, die Murmel zu halten, ist folgende: Sie soll auf dem Daumennagel liegen, wobei der über den Daumen gelegte Zeigefinger als Stütze dient. Die Murmel wird nicht geworfen, sondern man schnippt sie mit dem Daumen in weitem Bogen durch die Luft, wobei die Hand selbst stillgehalten wird.

Ein Spieler sitzt mit gespreizten Beinen auf der Erde und setzt eine oder mehrere – pyramidenförmig aufeinandergelegte – Murmeln, die der andere von einer vorher bestimmten Position aus (er muß hinter einem Strich stehen) zu treffen versucht. Jede Murmel, die ihr Ziel nicht trifft, ist verloren. Zu der Murmel, die trifft, gewinnt der Werfer eine Murmel des Gegenspielers hinzu.

Ein leichtes Spiel für kleinere Kinder ist folgendes: Man ritzt mit einem Stock einen Kreis von ca. 30 cm Durchmesser in die Erde ein.

Jeder setzt die gleiche Anzahl Murmeln, z. B. drei. Alle Kugeln werden in den Kreis gelegt. Die Spieler stehen in einer Reihe hintereinander und kommen einer nach dem anderen an den Kreis heran und lassen eine Murmel von oben auf die im Kreis befindlichen herabfallen. Gelingt es einem Spieler, eine Kugel aus dem Kreis herauszuschießen, gewinnt er diese und behält auch diejenige, die er zum Wurf benutzt hat. So wird weitergespielt, bis der Kreis leer ist. (Werden verschiedenartige Murmeln benutzt, muß ihr Wert festgesetzt werden, z. B. 1 Glasmurmel = 2 Tonmurmeln.)

Wettziehen

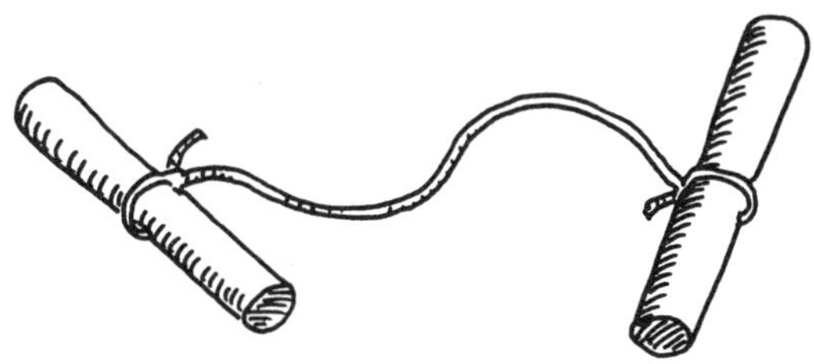

Abb. 60

Für die zwei Teilnehmer bei diesem Spiel knotet man zwei Griffstäbe mit einem starken Seil zusammen. Die Spieler sitzen sich auf der Erde gegenüber, stemmen sich mit den Fußsohlen gegeneinander und fangen an, aus Leibeskräften zu ziehen. Es darf nicht losgelassen werden, bis einer den anderen hochgezogen und gewonnen hat.

Abb. 61

Zum Tauziehen im Stehen für zwei Parteien braucht man ein langes, weiches Seil und eventuell Handschuhe. Auf ein Zeichen beginnt der Kampf. Die gesamte gegnerische Partei soll über eine in die Erde geritzte Linie gezogen werden.

Auf diese Weise trug man in alter Zeit symbolische Kämpfe aus: das Gute gegen das Böse, Trockenheit gegen Regen, ein Dorf gegen ein anderes. Das Resultat wurde als Orakel angesehen.

Tauziehen sollte man nicht übertreiben, dann es beansprucht die Bauchmuskulatur sehr!

Das Pflaumenspiel

Dieses Spiel stammt von den Indianern. Der Spieltisch wird mit einem Tuch bedeckt. Man bemalt acht Pflaumenkerne mit Lackfarbe oder auch Nagellack, und zwar nur auf der einen Seite.

Abb. 62

Zwischen den Spielern auf dem Tisch liegen 40 weiße Bohnen als Spielmarken.

Die Spieler werfen nun abwechselnd die Pflaumenkerne auf den Tisch und zählen, wie viele davon mit der farbigen Seite nach oben liegen. Es werden Punkte gemäß folgender Tabelle ausgeteilt:

8	Pflaumenkerne,	mit der farbigen	Seite nach oben gekehrt	=	20 Bohnen
7	”	”	”	=	4 Bohnen
6	”	”	”	=	2 Bohnen
5	”	”	”	=	0 Bohnen
4	”	”	”	=	0 Bohnen

3	”	”	”	=	0 Bohnen
2	”	”	”	=	2 Bohnen
1	”	”	”	=	4 Bohnen
0	”	”	”	=	10 Bohnen

Wer Bohnen gewonnen hat, darf einmal extra werfen. Wenn das Häufchen Bohnen auf dem Tisch verschwunden ist, bekommt der Gewinner seine Bohnen aus den Häufchen der anderen Spieler ausbezahlt. Wer zum Schluß alle Bohnen hat, ist der Gewinner.

Bohnen und Kerne kann man in einem Säckchen oder einer Tüte aufbewahren, auf die man die Spielregeln schreibt.

Mühle

Mühle ist eines der ältesten Brettspiele der Welt. Schon die alten Ägypter, Iren und Wikinger spielten es!

Zwei Spieler bekommen je neun Steine (man kann auch Knöpfe nehmen) in einer von der Farbe des Gegners abweichenden Farbe. Auf ein Stück Karton oder eine Holzplatte malt man folgende Figur auf:

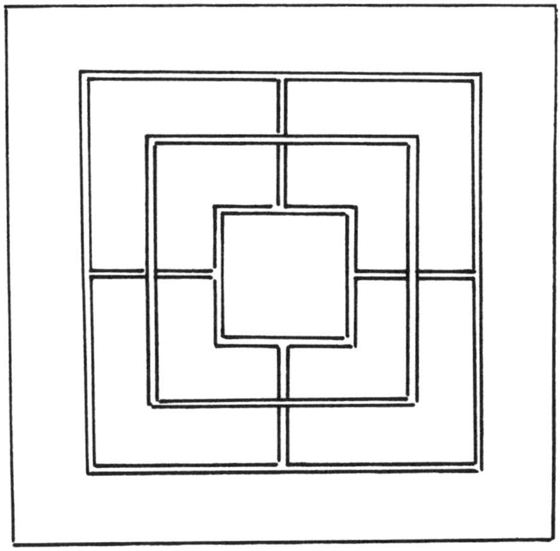

Abb. 63

Die Steine werden auf die Ecken und die Punkte, wo sich Linien berühren, gelegt. Zuerst setzen die Spieler abwechselnd alle ihre Steine. Wenn keiner mehr übrig ist, wird weitergespielt, indem die Teilnehmer ihre Steine abwechselnd versetzen. Die Steine rücken dabei jeweils zum nächsten freien Punkt vor. Dabei strebt jeder danach, Mühlen zu bekommen, d. h. drei Steine seiner Farbe auf *einer* Längs- oder Querlinie (nicht Diagonalen!) zu sammeln. Hat man das erreicht, darf ein Stein des Gegners aus dem Spiel genommen werden. Falls die Mühle nicht von anderen Steinen eingeschlossen ist, kann sie geöffnet und wieder geschlossen werden, wobei wieder ein gegnerischer Stein vom Brett genommen wird. Eine Zwickmühle besteht dann, wenn man mit dem Öffnen der einen zugleich eine andere Mühle schließen kann.

Beim Fortbewegen der Steine darf kein Punkt übersprungen werden. Andere Steine muß man umgehen. Wer an der Reihe ist, muß einen Zug tun. Ein Stein, der aus dem Spiel ausgeschieden ist, kann nicht wieder einspringen. Hat ein Spieler nur noch drei Steine, so darf er damit springen, d. h. er kann die Steine auf beliebige freie Punkte setzen. Dadurch wird das Spiel in der Endphase noch einmal spannend; z. B. kann man jetzt dem Gegner seine schöne Zwickmühle blockieren!

Das Spiel ist aus, wenn einer der Teilnehmer nur noch zwei Steine übrig hat, also keine Mühle mehr bekommen kann.

Das Solitärspiel

Dieses Spiel soll im 18. Jahrhundert von einem gefangenen französischen Adligen erfunden worden sein, der keine andere Beschäftigung hatte.

Ein Brett wird in 8×8 Quadrate eingeteilt. Man bohrt 33 Löcher, die zusammen die Form eines Kreuzes bilden, Abb. 64. Aus einem Stäbchen sägt man 32 Holzpflöckchen von ca. 3 cm Länge zurecht, die in die Löcher gesteckt werden können.

Eine andere Möglichkeit wäre, eine dicke Platte aus einem ordentlichen Klumpen Ton zu formen und, nachdem man die Quadrate eingeritzt hat, nach obenstehendem Muster 33 Vertiefungen mit einer

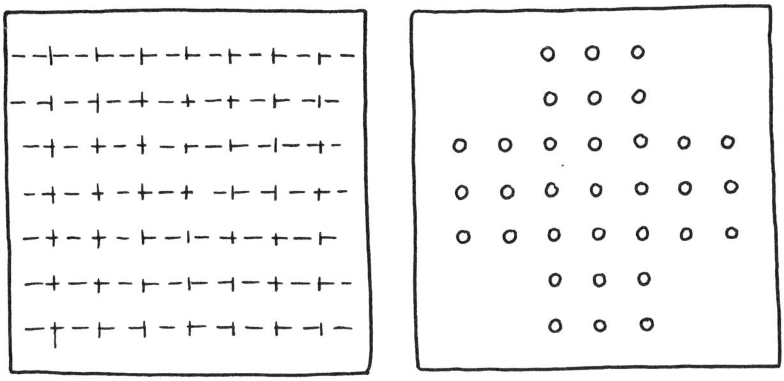

Abb. 64

Murmel einzudrücken. Bei dieser Art von Spielbrett benutzt man Murmeln statt der Pflöcke.

Die 32 Murmeln oder Pflöcke werden so gesetzt, daß das Loch in der Mitte des Spielplans frei bleibt. Das Brett soll nun geräumt werden, wobei die Pflöckchen nur durch Hüpfen übereinander versetzt werden dürfen, und zwar vorwärts, rückwärts oder seitwärts, aber nicht diagonal.

Die überhüpften Figuren werden aus dem Spiel genommen. Es soll zum Schluß nur noch ein Holzpflöckchen, der Solitär oder Einsiedler, übrigbleiben!

Fuchs und Schafe

Das Solitärbrett kann auch für «Fuchs und Schafe», ein nordeuropäisches Spiel, verwendet werden. Dazu braucht man 17 gleichfarbige Pflöckchen (oder Murmeln) als Schafe und ein rotes. Das ist der Fuchs.

Der eine Spieler, der Fuchs, muß nun versuchen, über die Figuren des andern, die Schafe, zu springen, die dann gefressen sind und ausscheiden. Die Schafe tun ihr Bestes, den Fuchs in eine Ecke zu drängen, so daß er nicht mehr hüpfen kann.

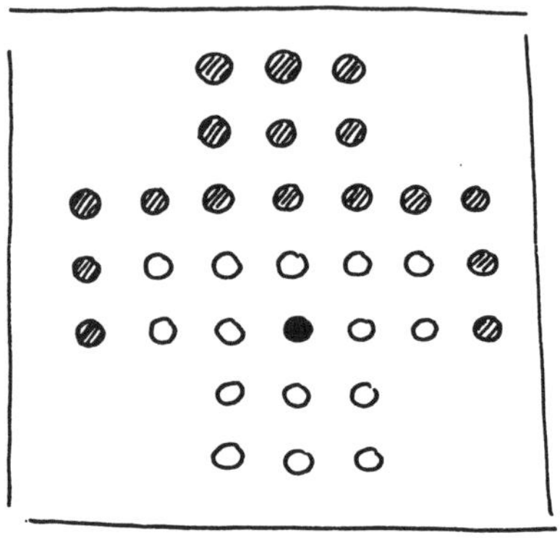

Abb. 65

Der Fuchs darf sich in alle Richtungen bewegen, auch diagonal. Er kann in einem Zug mehrere Male hüpfen. Die Schafe dagegen dürfen nur einen Schritt pro Zug gehen, aber weder diagonal noch rückwärts. Der Fuchs hat gewonnen, wenn er 12 Schafe gefressen hat.

Die Ausgangsposition ist auf Abb. 65 zu sehen.

Literatur

Roland Göök: *Das große Buch der Spiele.* 1000 Spiele für drinnen und draußen. München 1973.

Georg Himmelheber: *Spiele, Gesellschaftsspiele aus einem Jahrtausend.* München 1972.

Heinz Görz: *Gesellschaftsspiele.* Niedernhausen 1975.

Naturmaterial

Die Natur ist eine wunderbare Kinderstube. Immer wieder beweist sie ihre Anziehungskraft, wenn die Kinder die fertigen Spielplätze mit Asphalt und imprägniertem Holz fliehen und statt dessen ein verwildertes Grundstück aufsuchen, wo Gras und Blumen wuchern, Käfer krabbeln, Vögel singen; wo Bäume Schatten spenden und zum Klettern einladen.

Der Spielplatz mit der Schaukel verändert sich nie. Aber Wiese, Park und Garten wechseln ständig ihr Aussehen. Die Blumen verblühen und neue wachsen. Jedesmal entdecken wir neues Leben: alle möglichen Kriechtiere, Schmetterlinge, ein Mäuschen . . . Auf unserem Stückchen Erde regt und bewegt es sich.

Manchmal jedoch ist die Natur geheimnisvoll und schwer zugänglich. Man kann nicht einfach dahergestiefelt kommen und erwarten, daß sie uns mit Erlebnissen überschüttet. Nein, wir müssen uns ihr und ihren Wundern ehrfürchtig und behutsam nähern, vorsichtig schnuppernd wie kleine Igel. Nur, wenn wir mit Aufmerksamkeit und geschärftem Auffassungsvermögen gerüstet sind, ist es uns möglich, die winzigen Veränderungen in der Natur zu beobachten, ihren Wandel zu verfolgen, Spuren zu lesen und Dinge zu erahnen, die wir nicht mit dem Auge verfolgen können.

Auch Treue wird von uns gefordert! Wenn wir oft denselben Platz aufsuchen, werden sich unsere Augen öffnen und wir sehen plötzlich, was uns vorher nie aufgefallen ist. Und Geduld müssen wir haben! Ein Amateurornithologe muß oft stundenlang in seinem Versteck stilliegen, um einen ungewöhnlichen Vogel kurz mit dem Blick erhaschen zu können.

Wenn wir nicht die Möglichkeit haben, regelmäßig in den Wald zu kommen, können wir uns ja ein «eigenes» Plätzchen in einem Park oder an einem grasbewachsenen Abhang in der Nähe unserer Wohnung suchen.

Vielleicht können wir Vögel an unser Fenster locken, indem wir ein Futterhäuschen aufhängen oder eine Kokosnuß mit einem runden

Loch, die mit Talg und Sonnenblumenkernen gefüllt ist. Den Pflanzen, die wir selbst ziehen, kommen wir am nächsten. Selbst im kleinsten Balkonkasten können wir Salat, Petersilie, Radieschen und Blumen anpflanzen. Wer ein eigenes Stück Land hat, kann jedem Kind ein Beet zum Anbauen geben, wo es aus der Nähe verfolgen kann, wie alles wächst und gedeiht.

Nach entsprechenden Anleitungen kann man Kaulquappen sammeln und für alles mögliche kleine Getier Terrarien oder Käfige bauen. Natürlich kann man auf diese Art Insekten und andere Tiere beobachten. Aber man darf nie vergessen, daß auch die Tiere ihre Freiheit wollen! Man lasse die kleinen Frösche nach ungefähr einem Tag wieder an derselben Stelle frei, wo man sie eingefangen hat! In der Wohnung beherbergt man sie am besten in einer kleinen Wanne mit Wasser, Sand und Gras.

Man darf auch nicht vergessen, gefangene Tiere im Schatten zu halten und in den Büchsendeckel kleine Löcher zu machen, damit die Insassen Luft bekommen.

Die Arbeit der Regenwürmer kann man gut beobachten, wenn man einen Wurm eine Weile in einem Marmeladenglas voller Erde hat. Die Eßgewohnheiten der Schnecke kann man studieren, indem man sie ein paar Stunden in eine Schachtel voll Salat setzt.

Tiere sind kein Spielzeug und sind erst recht nicht dazu da, nach «Gebrauch» den Weg der Einwegverpackungen zu wandern. Man behandele sie mit Respekt! Vielleicht hat man dann eines Tages das Glück, auf einer Lichtung im Wald plötzlich einem Wurf herumtollender junger Füchse zu begegnen.

Kleinen Kindern kann man im allgemeinen noch nicht die Verantwortung für ein Tier überlassen, auch wenn sie sehr gern damit spielen. Also müssen die Erwachsenen damit rechnen, das Tier versorgen zu müssen, wenn das Kind das Alter von zehn bis zwölf Jahren noch nicht erreicht hat. Durch sein eigenes Verhalten Tieren und der Natur gegenüber kann der Erwachsene Kinder zur Rücksichtnahme erziehen.

Kleine Kinder können noch keine Trimm-dich-Spaziergänge in raschem Tempo bewältigen. Sie müssen ab und zu ausruhen. Öfter eine kleine Pause machen, um Insekten, Spuren im Schnee usw. zu betrachten.

Sowohl Kindern als auch Erwachsenen tut es gut, dem Wechsel der

Jahreszeiten mit Interesse zu folgen. Ist der Mond gerade im Zunehmen? Dann sieht er aus wie ein 𝔷 und wenn er im Abnehmen ist, wie ein 𝔞. Wann geht heute die Sonne auf? In welchem Vogelnest sind die Jungen jetzt flügge? Von welchen Blumen können wir schon Samen sammeln? Blumen und Vögel sind ja unsere Nachbarn, die man ein bißchen kennen sollte, bei denen man sich darum kümmern sollte, ob es ihnen auch gut geht. Jede Jahreszeit und Landschaft lockt uns zu anderen Spielen und Abenteuern.

Da können wir in der freien Natur Steine, Tannenzapfen, Stöckchen und vieles andere sammeln, alles Dinge, die wir das ganze Jahr über gut gebrauchen können. Regenwetter muß nicht immer unangenehm naßkalt sein. Will man die kleinen Fische an der Wasseroberfläche springen sehen, Vögel singen hören wie sonst nie oder erleben, wie die Bäume sich gleichsam strecken und das Naß mit allen Poren aufsaugen – ja, da muß man in den erfrischenden Frühlingsregen hinaus! An den wirklich brütend heißen Sommertagen dagegen herrscht Ruhe im Wald. Kein Tier läßt sich sehen.

Kaum etwas macht mehr Spaß, als einen kleinen Damm an einem Bächlein zu bauen und Kanäle zu graben, wo sich ein Wasserrädchen lustig dreht!

Es gibt Sachbücher speziell für Kinder, in denen man sich über Fakten, die die Natur betreffen, orientieren kann. Nach Meinung ihrer Verleger soll schon der kleinste Knirps etwas über Assimilation wissen und lernen, wie Nebel entsteht. Er wird mit Lupe und Mikroskop ausgerüstet, bevor er sich in die Wildnis begibt, um Flora und Fauna zu klassifizieren, einzuordnen, zu studieren und zu erklären. Die Frage ist nur, ob man ihn nicht lieber damit warten lassen sollte, bis er in die Schule kommt, denn erst dann ist er im richtigen Alter dafür.

Der Zwölfjährige ist vom Systematischen angetan. Er liebt es, sich Überblick zu verschaffen und zu katalogisieren. Für ihn sind gute naturkundliche Sachbücher und Naturführer sehr wertvoll.

In diesem Alter können sich Kinder in die Problematik der Umweltverschmutzung vertiefen. Sie können sich z. B. einer Natur- bzw. Umweltschutzorganisation anschließen und selbst anfangen, die Natur zu erforschen.

Das Kind vor dem sechsten bis siebten Lebensjahr dagegen lebt noch völlig in Harmonie mit der Natur, die es staunend und glücklich empfindet. In dem Alter soll das Kind seinen wunderbaren Märchenwald in Ruhe genießen dürfen. Von Erklärungen bis ins kleinste Detail hat es wenig Nutzen. Es macht nichts, wenn es ein ganz kleines bißchen Angst vor dem Zauberer und der Hexe hat. Es soll die Zwerglein zwischen den Wurzeln der Tanne sehen dürfen. Bald genug tauchen andere Fragen auf, die das Kind beschäftigen.

Vor allem sollten wir nicht seine Freude an der Natur durch ständige Selbstbezichtigungen zerstören: «Schrecklich, was die Menschen machen! Sie spritzen Gift, so daß man die Himbeeren nicht mehr essen kann! Und hier ist ein Kahlschlag. Alles zerstört und verwüstet! Die Balance der Natur ist außer Kraft gesetzt!» Wenn man eben erst die Wanderung auf unserer, trotz allem so wunderbaren Erde angetreten hat, kann man es nicht verkraften, ständig auf solche Fakten aufmerksam gemacht zu werden.

Nein, freuen Sie sich zusammen mit den Kindern im Vorschulalter über den unendlichen Erfindungsreichtum, der überall in der Natur zum Ausdruck kommt! Nicht *ein* Blatt sieht aus wie das andere, nicht *zwei* Zapfen sind sich gleich! Uns, die wir uns mit Massenprodukten umgeben, die alle in dieselben Form gepreßt sind, tut es gut, die Vielfalt der Natur zu entdecken.

Im Frühling:

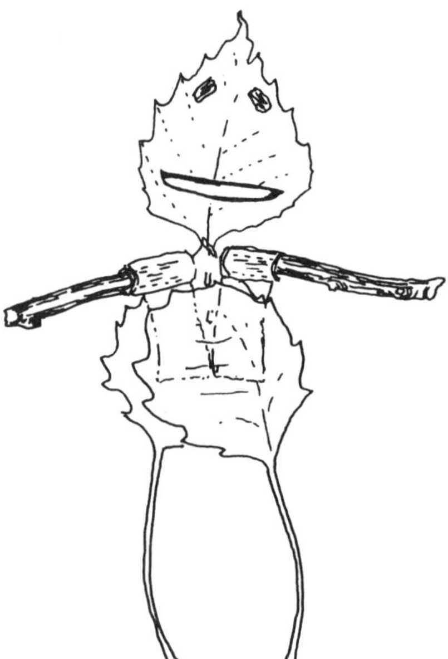

Abb. 66

Männchen aus Blättern

Dieses eigentümliche Männchen fertigte einmal meine Tochter aus drei trockenen Blättern vom Vorjahr, zwei Stöckchen und etwas Klebestreifen an.

Weidenpfeifchen

Dazu braucht man einen Zweig der Eberesche oder Weide, des Haselstrauchs oder der Salweide. Das eine Ende des Zweiges wird schräggeschnitten (a). Bei b wird eine Kerbe geschnitten und bei c ein Schnitt in die Rinde gemacht. Dann klopft man leicht mit der Flachseite des Messerschafts auf die Rinde, so daß sie sich löst und zieht sie ab, indem man sie vorsichtig hin und her dreht. Bei e wird ein kleiner Span und bei f ein größerer mit dem Messer abgehoben.

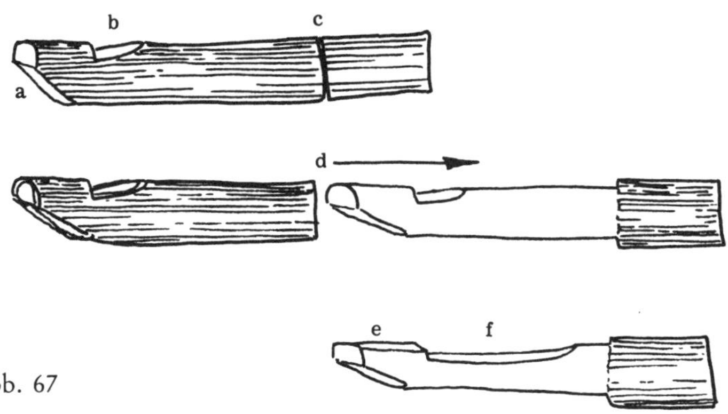

Abb. 67

Die Rinde wird wieder auf das Pfeifchen geschoben, und nun kann darauf geblasen werden! Je größer die Pfeife und die Einschnitte, desto tiefer ist der Ton.

Wasserrad

Wer in der Nähe seiner Wohnung einen fröhlich sprudelnden Bach hat, sollte unbedingt einmal ein Wasserrad machen. In den Bach oder rechts und links daneben werden zwei Astgabeln gesteckt, so daß man einen Stock quer darüber legen kann. Auf den Stock wird ein in der Mitte mit einem Loch versehenes Stück Kork gesteckt (z. B. von einem alten Schwimmgürtel oder der Verschluß einer ausgedienten Thermosflasche). Rund um den Kork hat man vorher einen Kranz von Federn gesteckt oder auch von Stöckchen, an denen unten Schaufeln aus Pappe, Zigarrenkistenholz oder dgl. befestigt sind. Das Rädchen wird so in die Astgabeln eingehängt, daß das Wasser die Schaufeln antreibt.

Im Frühling nicht vergessen, alle möglichen Samen zu säen!

Im Sommer:

Kette aus Löwenzahnstengeln

Man pflückt viele Stengel des Löwenzahns und steckt das schmale Ende in das breite, so daß Ringe entstehen. Diese werden mit anderen Stengeln verbunden, die man ebenso zusammensteckt, so daß daraus eine lange Kette wird.

Es macht auch Spaß, aufgeschlitzte Stengel ins Wasser zu legen und zuzusehen, wie sie sich zusammenrollen.

Borkenbötchen

Eigentlich sollte man ein kleines Lager an Borke zu Hause haben, damit man das ganze Jahr über Bötchen schnitzen kann!

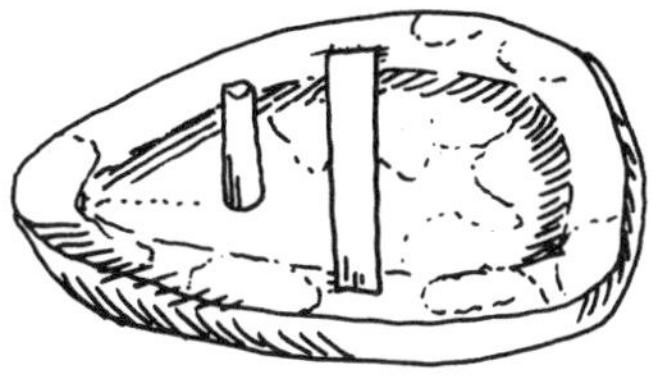

Abb. 68

Das hier abgebildete Bötchen hat einen winzigen Mast und eine Sitzbank. Dazu kann man kleine Puppen als Passagiere machen, und falls man keinen See vor der Tür hat, läßt man es in der Wanne vom Stapel.

Boot aus Schilf

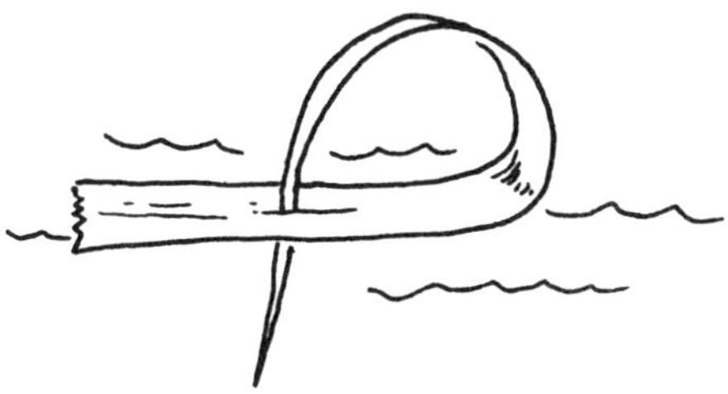

Abb. 69

Abb. 68 zeigt, wie das Schilfblatt ins Wasser gesetzt wird. Man macht eine ganze Flotte davon und veranstaltet eine Wettfahrt. Damit man die Boote voneinander unterscheiden kann, steckt man verschiedene Blätter daran.

Minilandschaft

In Moos oder Sand steckt man Zweiglein, stellt Männchen aus Zweigen auf, baut Häuschen aus kleinen Steinen, pflanzt «Bäume» und Blumen.

Abb. 70

Auch zu Hause in der Wohnung können wir solche kleinen Landschaften zusammenstellen. (Vgl. Abschnitt «Tischtheater».)

Im Herbst:

Figuren aus Zapfen

Abb. 71

Den besten Stand haben Kiefernzapfen. Mit einem Zahnstocher wird eine kleine Kastanie als Kopf befestigt. Wolle oder Flachs wird als Haar festgeklebt und darüber ein Kopftuch aus Stoff gebunden: das

Zapfenweiblein ist fertig. Das Zapfenmännlein bekommt eine Mütze aus einem Eichelpfeifchen und Pelzhaare. Sein Kopf besteht aus einer Holzperle. *Zapfenkühe* werden aus langen Tannenzapfen gemacht.

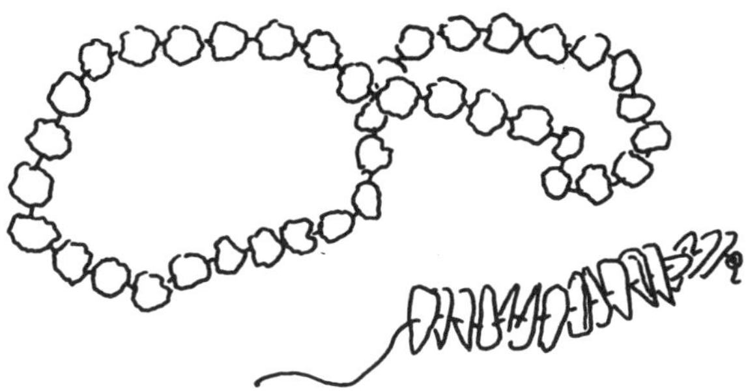

Abb. 72

Halsketten

Halsketten kann man aus Vogelbeeren, Sonnenblumenkernen, Eicheln usw. machen. Sie werden mit einer spitzen Stoffnadel auf einem strapazierfähigen Faden, z. B. starkem Schusterzwirn, aufgezogen.

Man kann auch einen Lederriemen rund um einen hübschen Stein kleben, um einen Anhänger zu erhalten.

Kastanientiere

Aus Kastanien und Zahnstochern kann man Tiere für den Bauernhof machen. Siehe Abb. 70!

Hubschrauber

Mit einem Nagel bohrt man zwei Löcher in eine große Kastanie und steckt in jedes eine Feder, so daß sie im Winkel von 45° zueinander stehen. Die Löcher müssen also schräg gebohrt sein! Siehe Abb. 73.

Abb. 73

Jetzt die Kastanie hoch in die Luft werfen!

Wenn man oben in einen Korken viele Federn wie einen Strauß, der nach allen Seiten hin absteht, hineinsteckt, erhält man einen *Federball,* der zwar primitiv ist, mit dem man aber durchaus spielen kann.

Im Winter:

Schneeleuchte

Mit Schnee, der gut «pappt», baut man eine Pyramide aus Schneebällen und setzt ein Teelicht hinein.

Bei Pulverschnee kann man statt dessen auch einen Eimer, in dem ein kleinerer Eimer mit einem Stein darin steht, der ihn beschwert, auf den Balkon oder in den Garten stellen. Der große Eimer ist bis unter den Rand des kleinen Eimers mit Wasser gefüllt. Wenn das Wasser zwischen den Eimern gefroren ist, holt man das ganze wieder ein Weilchen in die Wärme, bis sich die Eimer vom Eis lösen lassen. Nun hat man eine feine Leuchte, die man mit einem Licht darin wieder hinausstellen kann!

Schneehöhlen

Es macht Spaß, Höhlen im Schnee zu graben. Aber auf keinen Fall in Schneewällen graben, die die Straßen säumen, wenn es sehr viel geschneit hat, wegen des Verkehrs und weil die Last des Schnees so schwer sein kann, daß die Höhle einstürzt und Verschüttung droht.

Wenn der Schnee richtig fest zusammenhält, kann man versuchen, einen echten Eskimo-Iglu zu bauen. Zuerst aus großen Schneeblökken, die man mit der Schneeschaufel ausgestochen hat, einen runden Grundriß formen. Dann legt man einen neuen Kreis von etwas kleineren Blöcken auf die ersten und so weiter, bis oben nur noch ein kleines Loch offen bleibt, das mit dem letzten Block zugedeckt wird. Dann an der Seite eine Türöffnung graben und einen kurzen Eingangstunnel daran bauen.

Schlitterbahn

Eine Schlitterbahn, die mit ein paar Eimern Wasser präpariert ist, macht königlichen Spaß. So eine Eisbahn kann aber äußerst halsbrecherisch für den sein, der nichts davon weiß! Deshalb ist der Bürgersteig nicht der richtige Platz dafür; notfalls stellt man Warnschilder auf.

Walnußschalen

Statt in der Weihnachtszeit die Nüsse mit dem Nußknacker zu knacken, kann man sie mit einem stumpfen Messer aufbrechen, so daß man zwei intakte Hälften hat. Aus den Schalen kann man mit Wolle ein kleines Bettchen machen und eine winzige Puppe hineinlegen oder auch eine kleine Sitzbank und einen Mast schnitzen und hineinkleben. Daran kommt ein Papiersegel, und man hat ein Boot, mit dem man in der Badewanne spielen kann.

Abb. 74

Kerzenstummel vom Weihnachtsbaum kann man aufbrauchen, indem man sie in Walnußschalen setzt, sie anzündet und in einer Schüssel schwimmen läßt. Das elektrische Licht wird ausgemacht, und die Leuchtschiffchen ziehen still ihre Bahn.

Männchen und Häuser aus Holz

Im Herbst und Winter sammeln wir Äste zum Schnitzen. Zuerst müssen sie aber trocknen! Auf Abb. 70 sind ein paar aus Ästen geschnitzte Männchen zu sehen. Und so wird's gemacht: Der Ast wird in Stücke von verschiedener Länge zersägt. Das eine Ende eines solchen Stückes wird zu einem runden Kopf zurechtgeschnitzt. Im Gesicht wird die Baumrinde entfernt, und die Kleider markiert man mit Einschnitten in der Rinde. Unten muß das Männchen so gerade wie möglich abgesägt werden, damit es ordentlich stehen kann. Ruhig mit einem langen Stück anfangen, das man beim Schnitzen gut halten kann!

Abb. 75

Für die Häuser braucht man dickere Äste. Ein originelles Haus macht man aus einem gegabelten Ast. Der dünnere Ast dient als lange Treppe, die hinauf zur Haustür führt.

Das Beste, was uns die Natur zum Spielen gibt, sind die vier Elemente:

Die Luft. In ihr lassen wir unseren Drachen steigen, der Wind treibt unser Windrädchen an und läßt unseren Wimpel flattern, Seifenblasen schweben durch die Lüfte . . .

Die Erde. Wir graben eine Höhle, bauen eine Sandburg, legen Samen in die Erde . . .

Das Feuer. Wir zünden im Freien ein Feuerchen an, braten Äpfel und Kartoffeln in der Glut . . .

Das Wasser. Wir bauen Kanäle und Dämme, Wasserräder und Schiffchen. Im Wasser können wir planschen und schwimmen . . .

Literatur

Freya Jaffke: *Spielzeug von Eltern selbstgemacht.* Stuttgart [13]1983.

Walter Kraul: *Spielen mit Wasser und Luft.* Stuttgart 1984.

Walter Kraul: *Spielen mit Feuer und Erde.* (in Vorbereitung).

Michael Chinery: *Kosmos-Familienbuch der Natur.* Sehen – Sammeln – Selbermachen. Stuttgart [4]1981.

Spiel und Wettkampf

In unserer Zeit verknüpft man das Wort «Spiel» meistens mit Kindern. Wir Erwachsenen spielen höchstens ab und zu bei einem Gesellschaftsspiel mit.

Die Kinder erhalten für ihre Spiele alles mögliche Zubehör, «Spielsachen». Das kann alles mögliche sein vom einfachsten Kreisel bis zum kompliziertesten Raumschiff. Es gibt heute riesige Konzerne, die Spielzeug herstellen; der größte der Welt heißt Mattel Inc. mit Fabriken in Kalifornien, der Bundesrepublik, Hongkong, Taiwan, Korea und auf den Philippinen.

Kleine Mädchen werden mit dem «Super Star Barbie Fashion Face» beglückt, einem losen Kopf, der eigens dazu da ist, um daran Schminken, Frisieren und Herausputzen zu üben. Daß man «durch Schönheit glücklich» wird, lernen die Kinder von Donny & Marie, zwei TV-Stars im Puppenformat, die man mit Fernsehstudios, Schminkloge, Autogrammblock usw. kaufen kann. Das Jungenideal stellen Big Jim, Big Jack, Big Jash, Big Jeff, Dr. Steel und andere dar, allesamt Herrentypen in Vinylplastik mit grotesken Muskelpaketen.

Es werden Puppen hergestellt, die weinen, lachen und küssen können, damit die Liebe, die die Kinder ihnen schenken, auch belohnt wird. Wissen die Produzenten vielleicht, wie einsam heute manche Kinder bei ihren Spielen sind?

Geselliger Zeitvertreib früher und heute

Früher war es Sitte, anläßlich großer Feste für Unterhaltung in Form von Spielen zu sorgen. An arbeitsfreien Tagen pflegten jung und alt zusammen zu spielen. Bei Festlichkeiten wurde getanzt, gesungen, erzählt und gespielt. Diese Unterhaltung wurde von den Festteilnehmern selbst bestritten, und der Dorfmusikant spielte dazu auf. In noch älteren Zeiten hielt man Kampfspiele auf Hügelgräbern und

Dorfplätzen ab. Da konnten z.B. die Hälfte der Einwohner eines Dorfes die andere Hälfte zum Kampf herausfordern. Auf der Insel Gotland nannte man das «hålla våg», «die Waage halten».

In seinem Buch «Gotländska Lekar» (Gotländische Spiele) schreibt Per Arvid Säve: «Die Menschen sind freudigen und sorglosen Gemüts und nicht geneigt, darüber zu grübeln, was ihnen der nächste Tag bringen mag. Meist ist der Ackersmann musikalisch, singt gern und tanzt in festem Takt seine Volkstänze bei den Gastmählern, wo das Beisammensein ständig durch den Vortrag von Rätseln, Sagen, alten Weisen und von Erzählungen aus der Geschichte des Landes belebt wird. Und deshalb stehen wohl die andernorts vergessenen Volksspiele noch immer in hoher Blüte bei diesem Völkchen, welches, was die geographische Lage, Sprache und Geschichte betrifft, so ganz verschieden ist von seinen übrigen Stammverwandten auf dem skandinavischen Festlande.»

Seitdem dies geschrieben wurde, hat sich einiges verändert. Während die Leute damals ihre traditionsreichen Kampfspiele selber austrugen, sitzen sie heute auf ihrem Allerwertesten und besehen im Fernsehen die Kampfspiele anderer.

Offensichtlich haben nur die Kinder ihre spontane Freude am Spiel und an der Körperbewegung bewahrt. Aber auch ihre Phantasie und Lebendigkeit droht das Fernsehen zu ersticken, denn man kann es doch kaum schaffen, viel zu spielen, wenn man täglich fünf, sechs oder sieben Stunden fernsieht? Für Kinder ist das Spielen jedoch von unschätzbarem Wert: Versuchen Sie einmal, sich ein Kind vorzustellen, das niemals spielt! Wie sieht so ein Kind aus? Bleich und krank? Apathisch oder nervös und rastlos? Oder ein vergrübelter kleiner Professor? Noch haben wir die Möglichkeit, die Spielkultur unserer Kinder zu retten und aufs neue von ihnen das Spielen zu lernen.

«Wer weiß, ob nicht das Spiel ganz einfach der auslösende Faktor für die Entwicklung der Kultur war?» fragt in seinem Buch «Der spielende Mensch» (1945) der holländische Philosoph Johan Huizinga. Und Schiller war sogar der Ansicht, daß der Mensch nur ganz Mensch ist, wenn er spielt. Eigentlich brauchen wir nur neue Spiele zu erfinden, die zu unserer Zeit und zu uns selbst passen. Sie müssen wirklich Spaß machen, denn ohne Freude können wir nicht spielen!

Außer den hier beschriebenen Spielen kann man leicht weitere in der entsprechenden Literatur finden.

Fangen

Ein Teilnehmer jagt die anderen. Wenn er nahe genug an einen der Mitspieler herankommen und ihm einen leichten Schlag mit der Hand geben kann, wobei er «Du bist's!» ruft, ist dieser gefangen und muß nun das Jagen übernehmen. Es gibt ein Freimal in der Nähe des Spielfeldes, wo sich die Spieler ausruhen können und nicht abgeschlagen werden dürfen.

Salzsäulen

Ein Spieler steht 15 bis 20 Meter von den andern entfernt mit dem Gesicht zur Wand, der Rücken ist den anderen Spielern zugewandt. Diese versuchen, sich so behutsam wie möglich an ihn anzuschleichen und ihn abzuschlagen. Der Spieler an der Wand zählt leise für sich bis zehn, dreht sich schnell um und versucht einen der anderen bei einer Bewegung zu ertappen. Alle erstarren zu «Salzsäulen», d. h. sie verharren regungslos in der Stellung, die sie im Augenblick des Umdrehens gerade einnehmen. Wer sich bei einer Bewegung erwischen läßt, muß zur Startlinie zurück. Der Spieler an der Wand dreht sich wieder um, und alle schleichen so schnell wie möglich wieder

Abb. 76

näher an ihn heran. Der, dem es gelingt, vorne anzukommen, ohne bei einer Bewegung ertappt worden zu sein, tauscht mit dem ersten Spieler die Rolle.

Die Schlange

Dies ist ein Spiel für viele Teilnehmer, z. B. eine ganze Schulklasse oder eine Kindergartengruppe. Alle stehen in einer langen Reihe hintereinander und halten einander mit beiden Händen um die Taille. Am Rücken des letzten ist ein Tuch befestigt. Jetzt muß der erste, der den Kopf der Schlange bildet, versuchen, dem «Schwanz» das Tuch vom Rücken zu nehmen. Wenn jemand losläßt, drängt sich der «Kopf» sofort in die Lücke und der, der losgelassen hat, ist statt dessen «Kopf».

Stockhüpfen

Dieses Spiel ist auch für eine Person allein geeignet. Man hält einen Stock mit ausgestreckten Armen an beiden Enden fest. Mit beiden Beinen gleichzeitig über den Stock hüpfen, ohne loszulassen.

Stöckchen schnippen

Ein Stöckchen wird wie auf Abb. 76 über zwei kleine Steine gelegt. Wer kann sein Stöckchen mit Hilfe eines anderen Stockes am weitesten schnippen? Man macht einen Strich in ca. 7 m Entfernung von den Steinen. Wer über den Strich hinausschießt, mißt die Entfernung

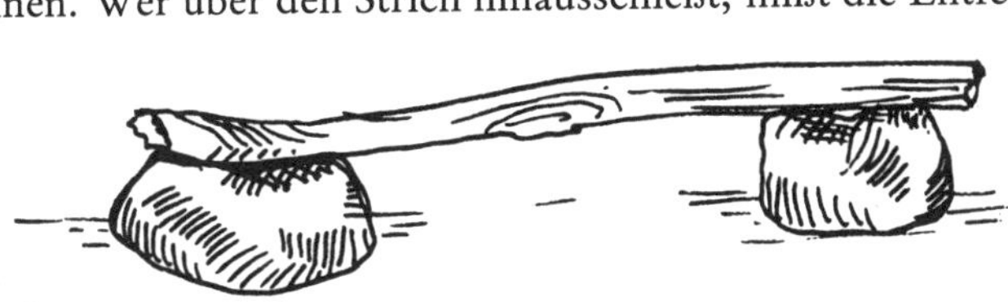

Abb. 77

vom Strich aus in Stocklängen und bekommt die entsprechende Anzahl Punkte dafür. Wer nicht bis zum Strich schnippt, muß dagegen die entsprechende Anzahl Stocklängen abziehen. Es ist zweckmäßig, daß die Teilnehmer gleichlange Stöcke haben!

Versteck

Der Fänger muß mit dem Gesicht zu einer Wand oder einem Baum stehen und bis 100 zählen. Die anderen verstecken sich unterdessen. «Hinter mir und vor mir, auf beiden Seiten gilt es nicht, eins, zwei, drei, ich komme!» schreit der Fänger, wenn er fertiggezählt hat. Das bedeutet, daß man nicht in seiner unmittelbaren Nähe stehen darf, nämlich am Mal. Jetzt versuchen alle, sich so unmerklich wie möglich aus ihren Verstecken zu schleichen und sich am Mal freizuschlagen. «Eins, zwei, drei, ich bin frei!» ruft man dabei.

Wenn es dem Fänger aber gelingt, einen Versteckten zu entdecken und vor ihm zum Mal zu kommen, ruft er dessen Namen. Wer zuerst gefunden und angeschlagen wird, muß das nächstemal suchen. Der Fänger versucht natürlich, alle Versteckten zu finden, gelingt es ihm jedoch nicht, ruft er: «Kommt herbei, ihr seid frei!»

Blindekuh

Die einfachste Variante des Blindekuhspiels ist folgende: Nachdem man durch Abzählen eine Blindekuh bestimmt hat, bekommt sie ein Tuch vor die Augen gebunden und jagt die andern. Wer gefangen, d. h. von der Blindekuh berührt wird, ist die nächste Blindekuh.

Eine andere Form des Spiels ist *Blindekuh mit Tanz:* Alle tanzen in einem Ring um die Blindekuh in der Mitte. Wenn sie in die Hände klatscht, stehen die anderen still. Wer an der Stelle steht, auf die die Blindekuh mit dem Finger zeigt, muß mit ihr im Kreis herumtanzen. Wenn die Blindekuh raten kann, mit wem sie getanzt hat, muß der Tanzpartner ihre Rolle übernehmen.

Abb. 78

Hänschen piep einmal: Blindekuh steht mit einem Stock im Kreis, die Kinder im Kreis tanzen um sie herum. Wenn sie den Stock hebt, bleiben alle stehen. Derjenige, auf den der Stock zeigt, ergreift dessen anderes Ende und sagt: «Piep!» Die Blindekuh muß raten, wer es ist.

Jakob, wo bist du? Diesmal bekommen zwei Spieler die Augen verbunden. Der eine ist Jakob, der andere sein Herr. Der Herr soll Jakob fangen und ruft ab und zu: «Jakob, wo bist du?», worauf Jakob antwortet: «Hier!» Die anderen stehen im Kreis darum herum.

Noch eine Spielart ist folgende: Die Blindekuh muß einen Mitspieler fangen, dem die Augen nicht verbunden sind und der zwei Kochlöffel hat, die er ab und zu gegeneinanderschlägt. Die Blindekuh versucht, sich nach dem Geräusch zu orientieren.

Münze aufheben

Die Münze wird nahe an eine Wand gelegt. Die Spieler arbeiten sich rückwärts mit den Füßen an der Wand hoch, so daß sie die Münze mit dem Mund aufheben können.

Der weiße Faden

Wenn jemand seine besten dunklen Kleider anziehen will, kann man ihm folgenden Streich spielen. Ein weißer Faden, der nicht von der Rolle abgeschnitten ist, wird aufgefädelt und von innen durch die Tasche des Kleidungsstückes durch den Stoff herausgezogen. Wenn die Nadel entfernt ist, läßt man den Faden ein Stück heraushängen und legt die Fadenrolle in die Tasche des Kleidungsstücks. Es wird nicht lange dauern, bis jemand hilfsbereit das Fädchen abnehmen will, und dann gilt es, sich nicht durch Kichern zu verraten!

Was sagen dir deine Sinne?

Gehör: Alle machen die Augen zu außer einem, der verschiedene Gegenstände aus unterschiedlichem Material hervorholt und sie aneinanderschlägt, so daß Geräusche entstehen. Die anderen müssen nun raten, was für ein Material das Geräusch verursacht hat und, wenn möglich, was es für Gegenstände waren.

Tastsinn: In ein Stoffsäckchen werden einige Gegenstände gestopft, die jemand von außen mit geschlossenen Augen betastet, um zu erraten, was es ist.

Geruchssinn: Jemand bekommt die Augen verbunden und riecht an verschiedenen Gewürzen oder Gerichten, die er erraten soll.

Wörterschmieden

Aus den Buchstaben eines vorher vereinbarten Wortes, das nicht allzu kurz sein darf, setzen die Teilnehmer während einer begrenzten Zeit so viele neue Wörter wie möglich zusammen, die aufgeschrieben werden. Dieses Spiel eignet sich nicht für Kinder unter sechs bis sieben Jahren.

Ringelschwänzchen ankleben

Man zeichnet ein schönes großes rundes Schwein auf einen großen Papierbogen und hängt es an die Wand. Jeder bekommt ein Ringelschwänzchen aus Papier mit einem Stück Klebstreifen daran. Alle machen jetzt die Augen zu (oder bekommen ein Tuch vorgebunden) und versuchen, den Schwanz an die richtige Stelle zu kleben. Man kann den Schwanz natürlich auch aufmalen, aber aufgepaßt, daß die Tapete nicht auch ein paar Schwänzchen abbekommt!

Stille Post

Alle sitzen im Kreis; je mehr Teilnehmer, desto besser. Einer flüstert seinem Nachbarn schnell einen ziemlich komplizierten Satz ins Ohr. Dieser wendet sich dem nächsten zu und wiederholt den Satz usw. Der letzte sagt laut, was er verstanden hat. Das vergleicht man damit, was der erste gesagt hat! Ist aus einer Mücke ein Elefant geworden?

Kunstwerk auf Raten

Jeder bekommt ein Blatt Papier, das der Breite nach in vier gleichgroße Felder gefaltet wird. Auf seinen wieder geglätteten Bogen zeichnet jeder in das obere Feld einen Kopf, den die anderen aber nicht sehen dürfen. Der Hals reicht bis in das zweite Feld hinunter. Dann wird der Kopf nach hinten geknickt, so daß er nicht mehr zu sehen ist.

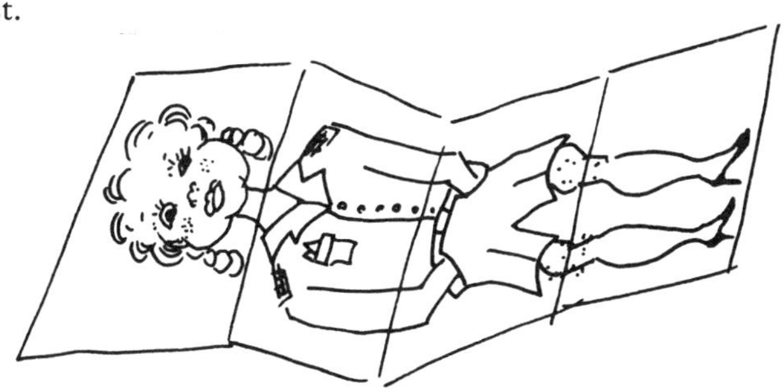

Abb. 79

Darauf gibt man sein Papier an den nächsten weiter, der den Oberkörper bis zur Hüfte zeichnet.

Der nächste malt den Rest des Körpers, der letzte die Beine und Füße. Dann wird aufgefaltet und man kann die merkwürdigsten Figuren bewundern!

Das Tablettspiel

Man legt zehn Gegenstände auf ein Tablett. Die Teilnehmer dürfen alles eine Minute lang ansehen, ehe schnell ein Tuch darübergedeckt wird. Jetzt schreibt jeder alle Gegenstände auf, an die er sich erinnern kann. Das Spiel wird variiert, indem man etwas vom Tablett wegnimmt oder etwas anderes dazulegt, worauf dann nach der Veränderung gefragt wird. Diese und ähnliche Gedächtnisspiele sind nichts für Kinder, die noch nicht in die Schule gehen, denn sie sollen nicht unnötigerweise das Gedächtnis üben.

Wäscheklammern suchen

Zwei Teilnehmern werden die Augen verbunden, und an ihren Kleidern werden ihnen von den anderen je zehn Wäscheklammern an allen möglichen Stellen festgezwickt. Nun müssen die zwei einander so schnell wie möglich nach den zehn Klammern abtasten und diese einsammeln.

Schnottern

Ein Teilnehmer verläßt das Zimmer. Die anderen einigen sich auf eine Tätigkeit, ein Verb, das von dem Herausgeschickten durch Fragen erraten werden soll. Z. B. «Kann man im Winter schnottern?» «Schnotterst du oft?»

Jeder in der Gesellschaft bekommt der Reihe nach eine Frage gestellt, die nur mit ja oder nein beantwortet werden darf, und der Ratende versucht herauszufinden, was «schnottern» bedeutet.

Liederraten

Einer der Teilnehmer wird vor die Tür geschickt, und die anderen vereinbaren ein bekanntes Lied. Jeder bekommt der Reihe nach ein Wort aus der ersten Zeile des Liedes. Darauf wird der Teilnehmer von draußen hereingerufen und stellt an einen beliebigen Mitspieler eine Frage. Dieser beantwortet sie am besten nur mit einem Satz in dem *sein* Wort enthalten ist. Es ist sehr schwer, das Wort, das man geheimhalten will, nicht zu betonen! Derjenige, bei dessen Antwort das Lied erraten wird, muß das nächste Mal vor die Türe gehen.

Jenkis hoch!

Zwei Teilnehmergruppen sitzen sich an zwei Seiten eines großen Tisches gegenüber. Die Teilnehmer der einen Gruppe haben die Hände unter dem Tisch und schieben sich gegenseitig eine große Münze zu. Plötzlich rufen die auf der anderen Seite: «Jenkis hoch!», und alle in der ersten Gruppe müssen die Hände auf den Tisch legen, und dürfen dabei die Münze nicht sehen lassen.

Man kann die Hände auf verschiedene Weise halten, z. B. flach auf dem Tisch. Es ist jedoch schwer, in dieser Stellung beim Wegnehmen der Hände die Münze unmerklich wegzuschnappen. Man kann auch die Finger auf den Tisch stellen. Die andern raten, in wessen Hand die Münze sich verbirgt. Raten sie richtig, dürfen sie das nächste Mal die Münze verstecken, sonst müssen sie noch einmal raten.

Ringlein, Ringlein, du mußt wandern . . .

«Ringlein, Ringlein, du mußt wandern,
von der einen Hand zur andern.
Ringlein, Ringlein, laß dich nicht sehn,
denn du mußt noch weiter gehn.»

So singt man, während der Ring an einer Schnur herumwandert, die von den in einem Kreis sitzenden Teilnehmern gehalten wird.

Im Kreis steht ein Mitspieler, der raten muß, wer den Ring in seiner Hand versteckt hält, wenn das Lied aus ist. Wenn er richtig geraten hat, muß der, der den Ring hielt, in die Mitte und das nächste Mal raten. Hat er falsch geraten, muß er es noch einmal versuchen.

Letztes Paar vorbei

Die Mitspieler stellen sich paarweise hintereinander in einer langen Reihe auf. Vor dem ersten Paar der Reihe steht ein Teilnehmer ohne Partner, der den anderen den Rücken zuwendet und ruft: «Eins, zwei, drei, letztes Paar vorbei!» Darauf trennt sich das letzte Paar; der eine läuft rechts, der andere links aus der Reihe nach vorn, wo sie sich wieder an den Händen zu fassen versuchen. Der Ausrufer versucht, einen der beiden zu fangen. Gelingt ihm dies, wird der Gefangene beim nächsten Mal Ausrufer, andernfalls ist er noch einmal Ausrufer und das wiedervereinigte Paar stellt sich vorne in der Reihe an.

Abb. 80

Die gold'ne Brücke

Zwei Kinder stellen sich einander gegenüber auf und bilden mit gefaßten erhobenen Händen die gold'ne Brücke. Einer der beiden hat zuvor das Wort «Silber», der andere das Wort «Gold» gewählt (oder «Sonne» und «Mond» oder ähnliches). Die anderen Kinder stehen in einer langen Reihe mit den Händen auf den Schultern des Vordermanns und beginnen, singend unter der Brücke hindurchzuziehen: «Zieht durch, zieht durch, unter der gold'nen Brücke! Sie ist entzwei, sie ist entzwei, wir woll'n sie wieder flicken. Mit was denn, mit was denn? Mit Steinerlein, mit Beinerlein. Der erste kommt, der zweite kommt, der dritte muß gefangen sein.»

Beim letzten Wort fangen die beiden Brückenspieler schnell ein Kind mit den Armen, die sie dazu senken. Flüsternd wird es gefragt, ob es Silber oder Gold sein wolle; dann stellt es sich hinter den Brückenpfeiler, für dessen Wort es sich entschieden hat. Wenn alle Kinder gefangen sind und sich hinten angestellt haben, erklärt einer der Brückenpfeiler, daß alle Kinder auf der Goldseite Engel und die auf der Silberseite Teufel sind. Die Engel werden auf den Armen der Brückenspieler sanft geschaukelt und die Teufel kräftig durchgerüttelt.

Ringel Ringel Reihe . . .

Es gibt viele Reigenspiele: «Zeigt her eure Füßchen, zeigt her eure Schuh», «Wollt ihr fleißige Handwerker sehn, müßt ihr zu uns Kindern gehn», «Brüderchen, komm tanz mit mir», «Die schwarze Köchin» und viele andere, die besonders die Kleinsten schätzen, weil sie sich wiederholen und lange dauern.

Abb. 81

Wenn wir Erwachsenen uns von der Begeisterung der Kinder anstecken lassen, haben wir selbst Spaß daran und brauchen nicht mit selbstaufopfernder Miene herumzuhopsen!

Literatur

Rudolf Kischnick: *Was die Kinder spielen.* Stuttgart ^{6}1982.
Singspiele und Reigen für altersgemischte Gruppen. Stuttgart ^{4}1983.
Erika Beltle: *...rückwärts schlüpft er aus dem Ei.* 100 neue Rätsel. Stuttgart ^{2}1982.
Helene Plohn: *Ratgeber für Kinderspiele.* München.

Mama, ich habe nichts zu tun!

Dann kommt doch einmal der Tag, an dem Peter hereinkommt und sagt, er wisse nicht, was er machen solle. Alle gutgemeinten Ratschläge weist er von sich mit den Worten: «Oooch, so was Langweiliges!»

Was machen wir bloß mit ihm?

- Ihn in die Arme nehmen;
- Ein Märchen erzählen.
- Sagen, daß er nichts machen *darf!* Er muß ganz still sitzen und sich ordenlich ausruhen – ein unfehlbares Mittel!
- Etwas mit Peter zusammen machen, z. B. im Nähkasten Ordnung schaffen, im Bücherschrank aufräumen, in die Bibliothek gehen, ein Geschenk für jemand basteln, der bald Geburtstag hat, zusammen Essen zubereiten oder Peter selbst «kochen» lassen, während man neben ihm sitzt, ihm Anweisungen gibt und selbst unterdessen etwas anderes erledigt.
- Bei Peter im Zimmer bügeln oder sich einfach nur mit der Zeitung zu ihm setzen.
- Zusammen ein Häuschen bauen, draußen oder im Haus mit Decken.
- Lieder singen!
- Peter bei etwas helfen lassen, womit man gerade selbst beschäftigt ist.
- Ihn um einen Gefallen bitten, z. B. einen Brief in den Kasten zu werfen oder im nächsten Geschäft einzukaufen, aber nicht zuviel auf einmal!
- Zusammen einen Brief an jemand schreiben, den man lange nicht gesehen hat. Peter malt ein Bild dazu.
- Tannenzapfen sammeln, Werkzeuge sortieren, auf den Dachboden gehen und dort Entdeckungen machen.
- Den Karton mit den Spielsachen heraussuchen, für die Peter zu groß ist, sein Spielzeug sortieren und alles, womit er zur Zeit nicht spielt, in den Karton legen.

- Etwas davon an Peters Freunde verschenken.
- Jemand besuchen, der einen Hund hat, und bitten, mit ihm spazierengehen zu dürfen.
- Zur nächsten Reitschule, zu einem Bauernhof oder Tierpark gehen und die Tiere ansehen.
- Peters zerrissene Kleider heraussuchen und reparieren. Wenn man gebrauchte oder geerbte Kleider hat, macht es nichts, wenn es nicht perfekt wird. Die Hauptsache ist, daß es hält.
- Ein Frühlings-, Sommer-, Herbst- oder Winterfest vorbereiten!
- Ein hübsches Arrangement zurechtmachen, z. B. mit Blumen, Steinen, Zweigen und Bildern.

  Mit anderen Worten: Seien Sie bereit, Peter Zeit und Interesse zu schenken, denn wonach er sich sehnt, wenn er Langeweile hat und zu Ihnen kommt, ist eine Umarmung!

Dritter Teil:
Elternkurs

Elternkurs

Dieses Buch kann auch als Arbeitsmaterial für einen Elternkurs benutzt werden. Der folgende Plan zeigt beispielhaft, wie ein solcher Kurs aufgebaut werden kann. Dabei soll Theorie und Praxis gleichgewichtig einbezogen werden.

Der Zweck des Kurses kann folgendermaßen umrissen werden:

- er soll Einsicht vermitteln, wie Fernsehen auf das Kind und die kindliche Entwicklung einwirkt,
- er soll auf den wichtigen Einfluß des Erwachsenen als Vorbild und als Gestalter der unmittelbaren Umwelt des Kindes hinweisen,
- er soll Verständnis fördern für die Bedeutung des freien Spiels und einfacher Spielsachen bei der Entwicklung der kindlichen Phantasie, bei der Befriedigung des kindlichen Bewegungsdrangs und bei der Ausübung eigener Beschäftigungen des Kindes,
- er soll helfen, die praktischen Anregungen und Vorschläge des Buches für das Spielen mit den Kindern und die Anfertigung einfacher Spielsachen umzusetzen.

Beispiel für die Arbeitseinteilung des Elternkurses

Bei der ersten Zusammenkunft erfolgt die Planung des gesamten Kurses. Es ist natürlich wünschenswert, daß die Kursleiterin oder der Kursleiter vorher das Buch gelesen und manches aus dem praktischen Teil bereits durchprobiert hat.

Theoretischer Teil	Praktischer Teil
1. Als der Fernsehapparat ausging Ein Kind wie alle anderen	Papier
2. Wenn man fühlt, daß man geliebt wird	Kinderreime

3. Der Erwachsene als Vorbild	Holz
4. Ausdrucksvolle Sprache	Märchen
5. Selber machen!	Rohwolle, Wollgarn, Gestricktes
6. Die Übung der Sinne	Puppentheater
7. Peter will selbst erleben, statt fernzusehen	Naturmaterial
8. Fragen und Antworten Wie wir Abhilfe schaffen können	Das freie Spiel Gesellschaftsspiele

Für den Elternkurs sind also acht Zusammenkünfte geplant, wobei jeweils zuerst das Fernsehen und seine Auswirkung auf Kinder besprochen wird. (Falls die Kursteilnehmer sich auf weniger Zusammenkünfte beschränken wollen, können die restlichen Kapitel im Buch nebenher gelesen werden.)

Nach einer Pause beginnt der praktische Teil. Alle Arbeitsanleitungen sind in diesem Buch enthalten. Der Kursleiter oder einer der Teilnehmer plant rechtzeitig den Einkauf des Arbeitsmaterials und sorgt bei jeder Zusammenkunft für das Vorhandensein des benötigten Werkzeugs.

Diskussionen und praktische Arbeit können obigem Vorschlag gemäß kombiniert werden oder auf andere Weise, die den Voraussetzungen und Bedürfnissen der Teilnehmer gerecht wird.

Erfahrungsgemäß ist es von Vorteil, das Material für die praktischen Arbeiten erst nach der Pause hervorzuholen, denn es ist nicht leicht, die Hände in den Schoß zu legen, wenn man all das wunderbare Material und die Werkzeuge vor sich liegen hat!

Den Abschnitt über Kinderreime kann man einleiten, indem man zusammen ein Lied «summt». Sie lernen gegenseitig Ihre Stimmen kennen und bemerken, wer dominiert und wen man überhaupt nicht hört. Machen Sie sich darauf aufmerksam.

Singen Sie einen Kanon!

Lesen Sie alle Verse im Buch im Chor. Es soll frisch und frei klingen. Jeder in der Gruppe sollte einen Vers auswendig können.

Märchen: Erfinden Sie zusammen eine Geschichte, zu der jeder reihum mit einem Wort beiträgt, und zwar in rasendem Tempo: Es – war – einmal – ein – Elefant, – der – usw., bis die Geschichte ins Stocken gerät.

Einer der Kursteilnehmer liest ein Märchen laut vor. Dann erzählt es sein Nebenmann nach, jedoch ohne dabei ins Buch zu sehen! Darauf erzählt es der nächste nach usw., bis alle drangewesen sind. Schließlich liest der erste das Märchen noch einmal aus dem Buch vor.

Man kann es auch so machen, daß alle außer zwei Teilnehmern den Raum verlassen. Einer erzählt dem andern das Märchen, und dann wird einer nach dem anderen hereingerufen, hört das Märchen und erzählt es dem nächsten. Auf diese Weise entfernt sich die Geschichte immer mehr von ihrer ursprünglichen Fassung, weil nicht alle die erste Version gehört haben.

Ein weiteres Märchen auf diese Weise nacherzählen!

Geben Sie sich gegenseitig Tips, wie man am besten etwas auswendig lernt!

Puppentheater: Suchen Sie dazu ein kurzes Märchen aus! Die Puppen für das Spiel sollen so einfach wie möglich und aus Stoff sein.

Bauen Sie ein Tischtheater auf und spielen Sie ein improvisiertes Stück, wobei einer vorliest und die anderen die Puppen führen.

Wenn die Zeit ausreicht, kann dasselbe Stück noch in einer anderen Puppenspieltechnik durchgespielt werden.

Im weiteren wird auf diesen Seiten nur noch der theoretische Teil des Elternkurses beschrieben.

Die unten angeführten Vorschläge zur Wahl des Gesprächsstoffes zum Thema «Fernsehen und kindliche Entwicklung» sollten als Beispiele verstanden werden. Selbstverständlich sind Diskussionsbeiträge der Teilnehmer in Form der Darstellung von eigenen Erfahrungen und Problemen im höchsten Grad willkommen!

Erste Zusammenkunft

- Die Teilnehmer machen sich miteinander bekannt und sagen ein paar Worte darüber, warum sie an diesem Elternkurs teilnehmen wollen.
- Abwechselndes Vorlesen der Abschnitte «Als der Fernseher ausging» und «Ein Kind wie alle anderen» aus diesem Buch.
- Gibt es eigentlich unseren Peter in Wirklichkeit? Wie ist es bei Ihnen zu Hause? Wie oft sehen Sie selbst fern? Seien Sie einmal ganz ehrlich!

- Wie fühlt man sich nach einem langen Abend vor dem Fernseher?
- Erstellen Sie gemeinsam eine Liste über positive Seiten des Fernsehens und heben Sie die Liste bis zur letzten Zusammenkunft auf!
- Zählen Sie sämtliche Fernsehprogramme auf, die Sie während der letzten Woche gesehen haben, nur die Namen der Programme, nicht deren Inhalt! Erinnern Sie sich an *alles* Gesehene?
- Aus welchem Grund haben Sie sich Ihren Fernseher angeschafft, falls Sie einen haben?
- Wer hat Video zu Hause und warum?

Zweite Zusammenkunft

- Sind Sie derselben Ansicht wie eine der Mütter in Leni Filipsons Untersuchung, welche die Meinung vertrat, durch Fernsehen verursachte Alpträume seien nicht weiter schlimm? Sind Sie als Kinder auch einmal von zu Hause durchgebrannt?
  Aus welchem Grund?
- «Er ist ja noch so klein, daß er das sowieso noch nicht versteht!» Ängstigt nicht gerade das Unbegreifliche?
- Einer der Teilnehmer kann zu diesem Treffen zusätzliche Literatur gelesen haben und daraus etwas referieren.
- Sie haben sicher alle einmal die Filmversion eines Buches gesehen, das Sie vorher gelesen hatten. Was hat den stärksten Eindruck hinterlassen, die Buch- oder die Filmfassung?
- Aus welchem Grund soll Fernsehen für Entwicklungsgestörte schädlich sein?

Dritte Zusammenkunft

- «Nee, hör mal, ich bin eben beim Fernsehen! Kannst du nicht in einer halben Stunde noch mal anrufen?» Sind uns eigentlich unsere Freunde weniger wichtig als das Fernsehen?
- Peters Papa kann nicht auf einmal die ganze Welt verändern und Mißständen in anderen Ländern abhelfen. Es bleibt ihm gar nichts anderes übrig, als sich in vielen Situationen passiv zu verhalten. Was muß er tun, damit Peter nicht sein Vertrauen in ihn verliert,

wenn er untätig bleibt, wenn im Fernsehen Greuel und Elend gezeigt werden?

- Haben Sie auch als Kinder für jemand in Ihrer näheren Umgebung geschwärmt wie z. B. für einen mutigen Jungen, einen tüchtigen Gärtner, einen stolzen Reitlehrer oder eine nette Lehrerin?
  Was kann es für eine Bedeutung gehabt haben, daß es ein Mensch aus Fleisch und Blut war und keine Fernsehfigur?
- Können Kinder heute noch mit wirklichem Einfühlungsvermögen einer Geschichte lauschen, die sie nur hören und wozu sie keine Illustrationen sehen? Viele Schüler verbringen ebensoviel Zeit oder sogar mehr vor dem Fernseher, als in der Schule. Welche Konsequenzen hat das für die Arbeit des Lehrers?
- Sie sind das Vorbild Ihres Kindes! Schalten Sie den Fernseher ab, wenn Sie gesehen haben, was Sie sich vorgenommen hatten, oder gucken Sie mit einem Auge weiter und ärgern sich darüber, daß das Programm so mies ist?
- Falls Sie noch kein Schlumpfheftchen gelesen haben, holen Sie das nach!

Vierte Zusammenkunft

- Ein Teilnehmer kann vorher bei einer (Universitäts-)Bibliothek angefragt haben, wieviel Literatur es gibt, die sich mit der rein medizinischen Auswirkung des Fernsehens auf Kinder beschäftigt. Zählen Sie die Titel und vergleichen Sie mit der Literatur, die es zum Beispiel über das Thema «Gewalt im Fernsehen» gibt.
- Wie könnte man ein Kind beim Fernsehen aktivieren?
- Kann man neue Wörter lernen, wenn einem niemand mit Interesse zuhört, wenn man sie übt?
- Ein Kursteilnehmer kann versuchen, eine kurze, mit Beispielen illustrierte Einschätzung der «internationalen Kinderkultur» zu geben.
- Hat es Sinn und Zweck, seinen Kindern das Lesen von Comics und anderer Schundliteratur zu verbieten? Auf welche Weise begrenzen Sie diese Art von Lektüre?
- Versuchen Sie vor diesem Treffen einmal wirklich aktiv zu denken, während Sie ein informatives Programm im Fernsehen sehen.

Bilden Sie sich *eigene* Vorstellungen über das, was das Programm vermittelt.
Gelingt Ihnen das am besten, *während* Sie fernsehen – *danach* oder womöglich *vorher?*

– Hören die anderen Kursteilnehmer wirklich zu, wenn einer von Ihnen spricht? Genieren Sie sich nicht, jemand, der ein bißchen geistesabwesend aussieht, plötzlich eine Frage zu stellen! Ein Teilnehmer kann auch, bevor er einem anderen antwortet, dessen Beitrag noch einmal kurz zusammenfassen, um zu prüfen, ob er das Wesentliche erfaßt hat. Eine Übung, die Zuhörenkönnen und Verständnisvermögen sehr fördert!

Fünfte Zusammenkunft

– Kinder sind Praktiker – sie wollen selbst handeln. Vor dem Fernseher können sie das nicht. Die Lage, in der sie sich befinden, kann mit folgender Situation verglichen werden: Sie nehmen an einem handwerklichen Kursus teil. Vor Ihnen liegt das herrlichste Material ausgebreitet, das man sich denken kann, und es juckt Ihnen richtig in den Fingern, endlich anzufangen! Nach einem langen, eingehenden Vortrag über den geschichtlichen Hintergrund und die Entwicklung dieses Handwerks, die Anwendung der Werkzeuge usw. gibt endlich der Kursleiter das Startzeichen. Welche Freude! Sie wollen die Hände nach den Dingen vor Ihnen ausstrekken, da kommt Ihnen zum Bewußtsein, daß eine Glasscheibe im Weg ist! Wie reagieren Sie darauf?
– Kein Mensch kann all seine Sinne ständig auf Hochform getrimmt haben und Experte auf allen Gebieten sein.
Aber ist das ein Grund dafür, freiwillig auf eine Menge Lebenserfahrung zu verzichten und statt dessen vor dem Pantoffelkino zu sitzen?
– Was meint man, wenn man davon spricht, das Kinder «egozentrisch» sind?
– Versuchen Sie, sich vorzustellen und zu beschreiben, wie es wäre, wenn Sie jährlich 10 cm wüchsen. Wie würden Sie praktische Probleme lösen, die zu Hause entstünden? Allein das Halten einer Kaffeetasse, die ja im Verhältnis immer kleiner würde, könnte Sie vor Probleme stellen.

- Kennen Sie ein hyperaktives Kind?
- Wie reagieren Sie, wenn Ihre Kinder nur herumlungern und die Zeit totschlagen?

Sechste Zusammenkunft

- Ein Teilnehmer informiert sich in der entsprechenden Literatur eingehender über die Auswirkung des Fernsehens auf die Sinne und referiert die wesentlichsten Punkte. Diskutieren Sie darüber!
- Deutsche Ärzte empfehlen, beim Fernsehen ab und zu den Blick von der Mattscheibe zu wenden, damit das Auge nicht geschwächt wird. Ist das ein guter Rat?
- Machen Sie ein Experiment: Malen Sie in Höhe Ihrer Nase einen Punkt auf einen Spiegel und schauen Sie sich nun abwechselnd das Spiegelbild Ihrer Nase und den Punkt an. Sie werden bemerken, daß das Auge sich jedes Mal umstellt, denn die Entfernungen zum Punkt ist ja nur halb so weit wie bis zur Nase im Spiegel! Versuchen Sie nun dasselbe mit dem Fernseher: Malen Sie der Ansagerin den Punkt auf die Nase und fassen Sie Nase und Punkt abwechselnd ins Auge. Muß sich das Auge umstellen?
- Sind Ton und Licht des Fernsehers identisch mit natürlichem Ton und Licht?
- Braucht Peter eigentlich noch neue Eindrücke, wenn er aus dem Kindergarten nach Hause kommt?

Siebte Zusammenkunft

- Was tun, wenn Peter heimkommt und schreit: «Alle anderen dürfen fernsehen, nur ich nicht!» Würde Ihnen der arme Kleine gleich so leid tun, daß Sie Ihre Pläne aufgäben, das Fernsehen einzuschränken?
- Haben Sie schon mal gehört, daß jemand einen Babysitter bestellt, um ungestört fernsehen zu können? Warum kommt das wohl nicht vor?
- Wenn Peter keine Ruhe gibt und dauernd fernsehen will; bedeutet das nicht auch, daß er sich nichts Lustigeres zur Beschäftigung

ausdenken kann als fernzusehen? Wird er todtraurig, wenn wir nein sagen?

- Welche anderen Beschäftigungsmöglichkeiten gibt es für Schulkinder, die die größte Gruppe der Fernsehzuschauer ausmachen? Freizeitheim? Arbeit? Wohin sollen sie sich wenden, wenn sie im Begriff sind, selbständig zu werden?
- Was machen Sie gern zusammen mit Kindern?
- Wenden Sie sich an Politiker, z. B. Ihre Abgeordneten, und fragen Sie sie, welches Gewicht sie dem Fernsehkonsum der Kinder beimessen.
- Nehmen Sie Ihr Tonbandgerät oder Ihren Kassettenrecorder mit und interviewen Sie Ihre Freunde und Arbeitskameraden. Stellen Sie folgende drei Fragen, die zusammen mit den Antworten aufgenommen werden:
  1. Sehen Sie fern?
  2. Wenn ja, warum?
  3. Wie fühlen Sie sich nach einem ganzen Abend vor dem Fernseher? Spielen Sie sich gegenseitig Ihre Bänder vor und diskutieren Sie!

Achte Zusammenkunft

- Wie können wir das Fernsehproblem lösen? Finden Sie die im Abschnitt «Wie wir Abhilfe schaffen können» erwähnten Vorschläge utopisch, realistisch oder nur teilweise durchführbar? Diskutieren Sie! Haben Sie andere Ideen? Dann schreiben Sie mir (Adresse am Schluß der nächsten Seite)!
- Bei einer von Sveriges Radio durchgeführten telefonischen Meinungsumfrage sollte ich einmal die Frage beantworten, welche TV-Programme ich in den drei vorhergehenden Tagen gesehen hatte. Ich erfuhr nebenbei, daß die meisten Befragten darauf keine zufriedenstellende Antwort geben konnten. Warum hatten sie eigentlich ferngesehen?
- Nehmen Sie sich wieder die Liste vor, die Sie bei der ersten Zusammenkunft über die Vorteile des Fernsehens zusammen aufgestellt hatten, und lesen Sie sie durch. Ist Ihre Ansicht darüber die gleiche geblieben?

- Veranstalten Sie eine Debatte über das Fernsehen, bei der die Argumente nur so hageln! Einige Teilnehmer übernehmen dabei die Rolle des eifrigen Befürworters; die anderen versuchen ihnen Contra zu geben.
- Diskutieren Sie die Reklame im Fernsehen. Wann soll sie gesendet werden, wenn überhaupt? Viele Kinder lassen sich ja gerade von den Reklamespots sehr fesseln, wie es sich in Dänemark herausgestellt hat, wo die Kinder den westdeutschen Kanal nur einschalten, um das Werbefernsehen zu sehen. Oder sollte man wie in den USA mitten in einem Programm Werbung senden? Wie beeinflußt das die Qualität und das Tempo der Programme?
- Haben Sie manchmal das Gefühl, jemanden, den Sie schon oft im Fernsehen gesehen haben, gut zu kennen, vielleicht genausogut wie einen Menschen in Ihrer Umgebung? Wie unterscheidet sich die Bekanntschaft mit dem Schauspieler oder der Ansagerin aus dem Fernsehen von der mit Ihren Freunden?
- Werten Sie den Kurs aus! Anregungen nimmt dankbar entgegen: Karin Neuschütz, Gurlitavägen 5, 16151 Bromma, Schweden.

Literatur

Aggression und Fernsehen. Gefährdet das Fernsehen die Kinder? Ein Elternbuch. Tübingen 1974.

W. Bauer, E. Baur, B. Kungel (Hg.): *Vier Wochen ohne Fernsehen.* Eine Studie zum Fernsehkonsum. Berlin 1976.

Heidi Britz-Crecelius: *Kinderspiel lebensentscheidend.* Stuttgart ^{4}1982.

Feilitzen, Filipson, Schyller: *Blunda inte för barns tittande.* Stockholm 1977.

Karl Holzamer: *Das Kind vor Radio und Fernsehen.* München 1966.

Karl König: *Die ersten drei Jahre des Kindes.* Stuttgart ^{6}1981.

Helmut von Kügelgen (Hg.): *Fernseh-geschädigt.* Studienheft 7 der Internationalen Vereinigung der Waldorf-Kindergärten. Stuttgart ^{5}1979.

Michael Kunczik: *Gewalt im Fernsehen.* Eine Analyse der potentiell kriminogenen Effekte. Köln 1975.

Elisabeth Lang: *Kind, Familie und Fernsehen.* Freiburg 1980.

Christoph Lindenberg: *Die Lebensbedingungen des Erziehens.* Von Waldorfschulen lernen. Reinbek 1982.

Jerry Mander: *Schafft das Fernsehen ab!* Eine Streitschrift gegen das Leben aus zweiter Hand. Reinbek 1979.

Neal Postman: *Das Verschwinden der Kindheit.* Frankfurt 1983.

Dieter Prokop: *Faszination und Langeweile.* Die populären Medien. Stuttgart 1979.

Hein Retter: *Spielzeug.* Handbuch zur Geschichte und Pädagogik der Spielmittel. Weinheim 1979.

Karl Steinbuch: *Maßlos informiert.* München 1978.

Rudolf Steiner: *Die Erziehung des Kindes vom Gesichtspunkt der Geisteswissenschaft.* Dornach 1981.

Von der Würde des Kindes. Sonderheft der Zeitschrift Erziehungskunst. Stuttgart ^{2}1981.

Frits Wilmar: *Wie wirken Radio und Fernsehen auf unsere Kinder?* Stuttgart ^{2}1974.

Mary Winn: *Die Droge im Wohnzimmer.* Reinbek 1979.

Weitere Literatur zum Thema Spielen und Basteln am Ende der einzelnen Kapitel des zweiten Teils.